LEVE PARA O PESSOAL

RAFAEL HORA

LEVE PARA O PESSOAL

UM ESTILO NÃO CONVENCIONAL DE LIDERAR E ATINGIR RESULTADOS TRANSFORMANDO CLIENTES E COLABORADORES EM AMIGOS

EDITORA
Labrador

Coordenação editorial
Pamela Oliveira

Assistência editorial
Leticia Oliveira
Jaqueline Corrêa

Preparação de texto
Laila Guilherme

Revisão
Ligia Alves

Projeto gráfico, diagramação e capa
Amanda Chagas

Dados Internacionais de Catalogação na Publicação (CIP)
Jéssica de Oliveira Molinari - CRB-8/9852

Hora, Rafael
Leve para o pessoal : um estilo não convencional de liderar e atingir resultados transformando clientes e colaboradores em amigos / Rafael Hora. – São Paulo : Labrador, 2023.
128 p.

ISBN 978-65-5625-352-7

1. Liderança 2. Grupos de trabalho I. Título

23-3272 CDD 658.4092

Índice para catálogo sistemático:
1. Liderança

EDITORA
Labrador

Editora Labrador
Diretor editorial: Daniel Pinsky
Rua Dr. José Elias, 520
Alto da Lapa – 05083-030
São Paulo – SP
+55 (11) 3641-7446
contato@editoralabrador.com.br
www.editoralabrador.com.br

Gostaria de dedicar este livro ao meu pai e à minha mãe, base de tudo que sou hoje, que me ajudaram a moldar meu caráter e lapidar meus princípios.

Aos amigos que sempre estiveram comigo durante minha caminhada. Somos uma grande família.

Costumo dizer que, no final, as pessoas com os mesmos valores acabam se juntando, porque os pensamentos são parecidos.

Obrigado a todos que me ajudaram a ser esta pessoa em constante mudança e melhoria.

SUMÁRIO

PREFÁCIO

Antes de falar sobre as próximas páginas, vou pedir licença para falar do meu primo Rafael. Ele sempre foi um menino enérgico, determinado, curioso, ligado nos 220 volts!

Nossa família tem um alicerce de tradição. Somamos 25 pessoas entre avós, tios, pais, filhos, primos e agregados, que se reúnem no almoço todos os domingos do ano, desde que me conheço por gente. Sem contar Natal, Ano-Novo, aniversários. Talvez isso explique um pouco os relatos sobre valores, integridade, amizade, compromisso e transparência que você encontrará ao longo desta leitura. Esse convívio intenso, além de solidificar as relações, também requer muita resiliência, habilidade essencial para a liderança.

Nossa vivência intensa numa grande família nos fez aprender a acreditar nas pessoas como meio para realizar os sonhos que temos e nos proporcionou uma amizade em que compartilhamos crenças e nos reconhecemos de alguma forma.

Sou apaixonada pelo mundo corporativo, acelerada e orientada para o resultado como o Rafael. Penso que, por estar há mais de 20 anos nesse meio, 15 deles experimentando a área de Recursos

Humanos, isso me dá um olhar para fazer essa ponte entre o Rafa da vida pessoal e o Rafa da vida profissional. Ainda assim, fiquei surpresa com o convite para escrever estas páginas iniciais. Soou como um reconhecimento, um presente.

No dia 9 de dezembro de 2022, às 22h49, ele me enviou uma mensagem no WhatsApp: "Estou finalizando o meu livro; vou querer que você escreva o prefácio como profissional de RH. Ele fala sobre os valores no mundo dos negócios. Vou apresentar o livro para você". Simples assim! Rafa sendo Rafa.

Na hora me deu um frio na barriga, um orgulho, me senti lisonjeada. E rapidamente pensei: *esse menino é atrevido mesmo!* E realizador. Teve filhos, com certeza plantou uma árvore e agora escreve um livro. Mesmo com uma agenda de trabalho que é uma loucura, ele se aventurou a relatar o que construímos, desconstruímos e reconstruímos nas relações corporativas.

Para alguns, o Rafa pode parecer um cara distante. Isso porque ele se coloca de maneira firme e tem uma comunicação direta e transparente. Mas basta conhecê-lo um pouco mais para ver que de distante ele não tem nada. E mostra mais quem é por suas atitudes do que com palavras. Sutilmente se coloca como parceiro, disponível. É uma pessoa sempre preocupada em ajudar. Este livro é uma atitude. Uma forma de ajudar a quem também está vivendo os desafios da vida corporativa a ter não apenas resultados, mas rever sua forma de construir relações e liderar para alçar voos ainda mais altos.

Costumo ler muito sobre liderança, e este livro provocou em mim reflexões que também podem provocar você. Ele lhe permitirá repensar, a cada parágrafo, como tem sido o seu dia a dia no trabalho e sua vida em equipe.

Gostei de ver validada aqui uma atitude que adotei ao longo da minha carreira, resultado de um compilado de experiências com líderes e equipes pelas quais passei. Brinco com a equipe que um "xampu de carinho" às vezes não faz mal, e, entre as exigências, se estabelece um toque de ambiente agradável e amigável. Acredito nesse jeito novo de buscar manter o foco e o resultado, sem perder a ternura! Desta vez, esse jeito novo ficou muito mais próximo, e, por mais que possamos compartilhar ideias, tendências, visões de mundo e das empresas nas reuniões familiares, ler os relatos do Rafa me fez perceber novas oportunidades. As vivências e as reflexões que ele relata rompem conceitos criados, nos permitindo constantes crescimento, evolução e inovação.

Estamos vivendo um momento ímpar, de disrupção constante, de inovação. Esse momento requer cuidado com o outro, disponibilidade para o outro, saúde mental, novas práticas e formas de trabalho.

Isso se reflete na vida corporativa, na qual sabemos que teremos partidas mais complicadas, outras nem tanto. Às vezes os riscos da partida estão no negócio em si, nas metas, nas negociações, mas, para mim, os mais desafiantes se fizeram em relações estratégicas, que são feitas por pessoas.

Neste livro, o Rafael traz uma visão leve e realista, que, muitas vezes, inseridos na rotina e automaticamente no sistema corporativo, nos deixamos esquecer: a relação por si só. Simples assim.

Compartilhando seu aprendizado para se acomodar aos novos e constantes voos, Rafa relata, por meio das histórias de suas equipes e desafios, como conseguiu trazer esse senso de parceria e amizade para as relações corporativas.

Entre um capítulo e outro, uma sentença me veio por várias vezes nesta onda de reflexão: "Na prática a teoria é outra". Isso me fez perceber que ele ousou criar a sua própria forma de experimento e resultado positivo. Porque a teoria é uma base, uma referência, mas a diferença se faz cada vez mais na experiência.

"Vai além quem tem um propósito!"

Alessandra Gomes de Oliveira Milani
Head de RH

INTRODUÇÃO

Trabalhar em uma multinacional de tecnologia é saber que você nunca vai se manter por muito tempo numa zona confortável. Todo início de ano fiscal, que começa em junho e vai até maio do ano seguinte, fazemos um planejamento na área de vendas. Sempre tem uma novidade, uma mudança de estratégia. Isso acontece por duas razões que pautam as empresas no cenário atual. A primeira delas é que o mundo disruptivo de hoje requer uma constante adaptação. Quem não dança conforme a música fica para trás, e, quando se trata de uma empresa em que as inovações são o coração do negócio, essa realidade é elevada à enésima potência. A todo momento surgem novos concorrentes e novas soluções que transformam os negócios, criam mercados e tornam obsoleto o que até ontem era considerado uma novidade. A segunda razão é que uma empresa de sucesso, que quer se manter no topo, não pode apenas dançar conforme a música do mercado. Ela precisa fazer o mercado. Tem que criar, reinventar e provocar as mudanças. Não só vir acompanhando o mercado como não parar no tempo nunca. Acompanhou essa evolução da tecnologia, se reinventou em meio a toda essa transformação digital.

Para quem gosta de desafios, de resolver problemas complexos e colher frutos de vitórias que chegam depois de muito suor, o cenário é estimulante e recompensador em termos profissionais, pessoais e financeiros. Desde 2014 faço parte do time de uma empresa que tem essa vibração e posso dizer que trabalho em um local que combina comigo em valores, e isso me motiva. Um dos pontos fundamentais para o meu trabalho como diretor de vendas é a autonomia que tenho como gestor. Tive liberdade total de criar o meu modelo de trabalho. Destaco esse aspecto — e destacarei outros ao longo deste livro — porque considero que foi fundamental para que eu conseguisse desenvolver um estilo de liderar que trouxesse não apenas o time, mas também os clientes para perto desse contexto de mudança que, apesar de estimulante, não é nada fácil. Por esse motivo, muita gente do lado de dentro não aguenta a pressão. As pessoas que trabalham nesse modelo e com alta cobrança por resultados têm que lidar com essa inquietação constante, o que pode causar a sensação de estresse, baixa autoestima e *burnout*, e essas consequências em nada ajudam a atingir resultados expressivos. Imagine que dentro da empresa é como se fosse um caldeirão borbulhante de água fervente. Do lado de fora, é como se essa panela estivesse navegando em mar revolto. Na posição de líder de um time de vendas responsável por um faturamento na casa dos sete dígitos, meu desafio sempre foi formar as pessoas, mantê-las na empresa e contribuir para o seu desenvolvimento profissional e pessoal. Mas como estabilizar essas pessoas na constante turbulência e ainda fazê-las dar o melhor de si?

Eu não encontrei a resposta nas planilhas, nem nos livros de gestão por resultados. Não consegui me pautar na frieza dos números. Porque concluí que não é somente pelo dinheiro que as pessoas estão ali. Elas precisam de um motivo maior. Precisam de um projeto de vida. O lado mais importante do trabalho não tem nada a ver com o resultado das vendas. É preciso levar para o lado pessoal e entender o que motiva cada um, de fato. É preciso enxergar as pessoas como pessoas e ajudar cada uma delas a lidar com os desafios. Só entendendo que cada ser humano presente na organização é um ser integral — com vida pessoal e vida profissional acontecendo ao mesmo tempo agora — é possível captar como cada um vai poder dar a sua melhor energia e contribuição.

É preciso olhar da mesma forma para fora da organização, na hora de se relacionar com os clientes. Ver um número ou meta batido em vez de ver a pessoa com quem se está negociando é um erro.

Clientes são pessoas. Negócios são feitos com pessoas. E os melhores e mais duradouros acontecem num ambiente de confiança. Para entrar nessa lógica é preciso descartar o senso comum que diz "amigos, amigos, negócios à parte". Aprendi nestes anos que fazemos os melhores negócios com amigos, e os melhores contratos também.

Se você está lendo este livro, é muito provável que também viva num contexto de pressão por resultados, tendo que se adaptar a mudanças. Certamente já rezou a cartilha tradicional das lideranças e sabe que a pressão por resultados por si só, sem um motivo maior, sem um contexto que faça as pessoas estarem juntas de corpo e alma, tem um preço muito alto. Neste livro, trago histórias e experiências de construção não de um time, nem de uma carteira de clientes. O que venho construindo é uma rede de amigos com quem posso contar para fazer negócios. Aliás, antes de qualquer coisa, eles podem contar comigo. E é basicamente por isso que chegamos a resultados excepcionais com crescimento em dois dígitos nos últimos anos.

Espero que esta leitura lhe traga inspiração para construir uma nova forma de trabalhar e atingir os objetivos levando as pessoas com você. Tenho certeza de que não é apenas a forma mais assertiva de obter grandes conquistas profissionais, mas também a melhor maneira de viver em cenários difíceis: rodeado de amigos e de pessoas que contam umas com as outras. E, se precisar, pode contar comigo!

Boa leitura!

Rafael Hora

CAPÍTULO 1

O DESAFIO DE TRAZER AS PESSOAS COM VOCÊ

Ter os melhores resultados, ter clientes que compram seus serviços e produtos — e compram novamente, sem te largar para a concorrência —, ter um time unido, jogando com você, e não perder essas pessoas no meio do caminho é o desafio de todo gestor de vendas nos dias de hoje. No entanto, estar à frente de uma equipe fazendo com que profissionais tão diferentes uns dos outros trabalhem juntos pelo mesmo objetivo não tem sido nada fácil nos tempos atuais.

Vivemos uma série de instabilidades globais que provocam mudanças e fazem com que precisemos dar respostas rápidas para manter o crescimento, fazer resultado, sobreviver. O papel do gestor é fundamental nesse cenário, pois cabe a ele trazer o time junto. O estudo feito pela Aberje (Associação Brasileira de Comunicação Empresarial) em 2022 com a participação de 285 empresas de todo o Brasil mostra que, para 47% das organizações, o líder é o principal canal da empresa com os colaboradores. Ou seja, está nas mãos do gestor o desafio de manter profissionais engajados. Mas nem sempre isso é possível. Outro dado da pesquisa diz que 58% concordam que é preciso melhorar a experiência do colaborador.

Afinal, o que os profissionais querem? Querem se sentir mais estimulados para continuar na mesma empresa — e, quanto mais jovens, maior essa necessidade. Essa foi uma das conclusões de outro estudo, chamado Panorama da Experiência do Colaborador 2021, maior relatório sobre Employee Experience da América Latina, que ouviu mais de 195 mil colaboradores das gerações Z, Y, X e *baby boomers*[1]. Esse estímulo vem quando se sentem desafiados, situação em que se sentem felizes e adaptados. Quando se sentem assim, pesquisas apontam que eles não apenas ficam na empresa por mais tempo como também dão mais resultado, podendo dobrar a receita da organização, multiplicando a própria capacidade de inovar. Convivo com essa realidade de perto e já vi os dois cenários — o que tem como resultado pessoas insatisfeitas e o que traz as melhores pessoas e cabeças para perto.

Assumi o cargo de diretor de vendas em uma empresa multinacional em 2013. A empresa tem quase

1 *Baby boomers* (1945-1964), geração X (1965-1984), geração Y (1985-1999) e geração Z (2000-2010).

15 mil produtos, e eu entrei para vender banco de dados. Costumo explicar, fazendo uma analogia, que banco de dados é o tijolo, o cimento. Assim como você usa esses materiais para construir uma casa, em tecnologia você usa bancos de dados para construir soluções e desenvolver softwares customizados para as empresas. Comecei, assim, a vender essas soluções para os mercados financeiro, de bancos e seguradoras, que, no Brasil, se resumem a vinte grandes e poderosas empresas.

Logo aprendi que, goste ou não, na empresa em que eu trabalho você nunca vai fazer a mesma coisa por muito tempo. Então, em certo momento, a divisão das operações deixou de ser por área do mercado para ser por território. Foi por isso que em 2018 assumi as vendas para a região Norte/Nordeste, depois Centro-Oeste e, mais tarde, Rio de Janeiro e Espírito Santo, além da região Sul do Brasil. Em 2021, mais uma mudança: voltamos a trabalhar por indústria, não mais por territórios regionais, como era a prática anterior, e com foco em *cloud*, que é tendência do mercado. Depois que comecei a circular pelo Brasil, conheci pessoas que me fizeram rever a forma como liderava, pois elas não eram iguais àquelas com quem eu estava acostumado a lidar. Passei a ter contato com muitas pessoas de lugares, pensamentos e culturas totalmente diferentes dos meus e fui me dando conta de que era preciso olhar para essas diferenças.

Quando assumi a região Norte/Nordeste, senti esse drama na pele. Muitos clientes não queriam mais saber de fazer negócio. Havia talentos que se recusavam a trabalhar na empresa ou estavam muito desapontados, quase colocando o pé para fora da organização. Isso porque, por um momento, essa empresa se valeu de sua posição de liderança e do fato de ser a única do mercado a ter algumas soluções essenciais para os clientes. Nos lugares em que construiu vendas se baseando apenas em seu poder — e com certa arrogância —, não estabeleceu relações duradouras. O que aconteceu foi que, assim que a concorrência passou a ter as mesmas soluções, esses clientes foram embora. Até mesmo colaboradores que não concordavam com o estilo de gestão pediram as contas. Perder algumas pessoas é inevitável, ainda mais em uma empresa onde existe uma cultura interna de formação de líderes que acabam se destacando e chamando a atenção do mercado — muitas das lideranças que estão na concorrência saíram de lá e assumiram presidências nas concorrentes. Mas não é um bom negócio perder os melhores depois de tanto investimento e treinamento.

A realidade se impôs e me mostrou que era preciso atuar de um jeito diferente. Não daria para simplesmente ficar lamentando e reclamando do que não estava dando certo. Vi que as mudanças frequentes de estratégia não são o maior desafio dos dias de hoje. O maior desafio é cativar as pessoas. Eu precisava fazer com que, assim como eu, elas também acreditassem em um novo projeto e participassem junto. Pode parecer estranho que, dentro de uma empresa com um crescimento tão expressivo e tão tecnológica, não seja possível reter talentos e fazer a coisa acontecer só com o poder que ela impõe por si só. Mas a prática mostra que não importa quem você é, mas como você faz. Toda conquista de resultados é consequência do relacionamento e da forma como você trata não apenas quem está no seu time, mas também os parceiros de outras áreas que estão ali para te apoiar, além, claro, dos clientes. Com um jeito de fazer as coisas que realmente coloque as pessoas em primeiro lugar.

CAPÍTULO 2

UM TIME DE FERAS, LITERALMENTE

Cada pessoa vem com uma história, com uma trajetória profissional. Todos os profissionais que trabalharam e trabalham comigo são experientes e vividos, trazendo consigo episódios bons e outros ruins na carreira que lhes deram uma casca mais grossa, mas que podem tê-los deixado mais ressabiados ou resistentes. Todos eles também vieram, inevitavelmente, com uma história de vida pessoal que não fica de fora de sua vida na empresa. Todos os dias, assim como eu e você, eles vão trabalhar carregando suas questões pessoais, seus sonhos, seus projetos, seus problemas, seus impasses. Além disso, chegaram na empresa com uma opinião sobre mim. Hoje, tenho muitos amigos que entraram na minha vida fazendo parte do meu time de vendedores. Fiz um perfil resumido da história de alguns personagens que ao longo dos últimos anos despertaram em mim a vontade de construir um novo jeito de liderar:

MONICA

Baiana nascida em Salvador, Monica Goes sempre trabalhou em multinacionais da área de tecnologia, como a Microsoft. Quando começou a trabalhar comigo, tinha acabado de sair de uma empresa de aconselhamento em tecnologia. Foi feliz por um bom período, mas pediu demissão porque não concordava com o modus operandi dos gestores, das pessoas, das lideranças. "Eu não saí porque não estava ganhando dinheiro. Saí porque não estava feliz. Saí porque não concordava com a forma de conduzir as pessoas, a forma de lidar com as pessoas. Se, para fazer o meu número, o meu resultado tiver que estar condicionado a uma estratégia em que eu não acredito, não vou mais ficar aqui. Apliquei para uma vaga que apareceu na Bahia, arrumei minhas malas e fui para uma oportunidade nova de trabalho", foi o que ela me contou. Por um tempo, ela foi feliz nessa. Seu trabalho era orientar os CEOs, os gestores de tecnologia sobre as melhores práticas para comprar tecnologia, para usar tecnologia, para trabalhar com as pessoas de tecnologia. Foi para lá muito encantada. "Me venderam essa empresa como diferente de todas as outras, e eu fui apaixonada. E realmente eu fiquei apaixonada durante muito tempo, mas, de novo, as empresas são pessoas.

Não adianta a empresa ser maravilhosa, mas você chegar a um nível de incompatibilidade com o manager que não tem mais condição de ficar". Até estudou possibilidades de ir para outras áreas, mas estava desencantada. Tinha passado por algumas questões bem delicadas. Então veio o processo da empresa multinacional e acabou recebendo uma nova proposta para trabalhar, agora no meu time. Fez questão de pegar a minha ficha antes, porque já estava escolada e com medo de ter novamente incompatibilidade com um gestor. Ouviu de tudo sobre mim: "Você vai trabalhar com o Hora? O Hora é acima da média, pensa fora da caixa, o Hora é maluco, o Hora você não vai dar conta". Mesmo assim ela quis pagar para ver. Ouviu todas as referências e preferiu conversar comigo para entender como era essa minha loucura.

RENAN

Conheci o Renan Valadares quando ele estava do outro lado do balcão, era nosso cliente. Atuava como *key account manager* de uma empresa familiar mineira, de cuja fundação participou. Começou ali como estagiário, até chegar à posição de gerente-chave de decisões de tecnologia para os principais clientes. Naquela época, a relação dele com a nossa empresa não ia nada bem. "Todas as experiências que tivemos foram negativas, acordos que não foram cumpridos, suporte pós-venda que era abandonado e tratativas baseadas em fazer pressão, não eram uma venda construtiva. Era muito ruim eu, como consultor dos meus clientes, receber informações com a faca no pescoço e ter de repassá-las para um cliente, sentindo a dor dele", conta. Ele já tinha recebido propostas para trabalhar lá, mas nunca quis. "De jeito nenhum! Eu não consigo trabalhar assim. A visão de vocês é no bolso, não é uma visão de cliente", ele dizia. "Embora se tratasse de um lugar que era — e ainda é — muito representativo, eu não gostava da cultura. Por isso, não topei em nenhuma daquelas oportunidades mudar", conta. Até que cheguei na operação e passei a atendê-lo. Logo vi que ele era diferenciado e poderia não só crescer, mas também me ajudar a mudar a imagem da empresa e o jeito de atender os clientes. Mesmo sabendo de suas recusas anteriores, fiz a proposta, em 2019, depois de mais uma das conversas em que ele desabafou comigo sobre sua insatisfação como cliente. Eu disse para o Renan: "Faz o seguinte: por que você não muda de lado, então? Vem trabalhar desse lado aqui e ajuda a mudar também o lado de cá", propus. Ele topou.

LUIZ

Desde os 13 anos Luiz Grasso aprendeu a correr atrás do seu sustento, e tudo o que conquistou na vida foi com bastante esforço e entendendo o valor das coisas. Nasceu em uma família da Grande São Paulo, em Taboão da Serra, e é o quinto dos seis filhos da dona Maria e do seu Luiz. Os pais se empenharam bastante dentro das limitações que tinham para os irmãos poderem crescer na vida. Luiz seguiu seu caminho pela tecnologia. Primeiro, na área técnica. Foi gestor de service desk, suporte e atuou em infraestrutura. Começou a trabalhar na empresa em 2016. Paralelamente, em sua vida pessoal, foi casado por 25 anos e tem dois filhos que hoje já são adultos. Passou 24 anos frequentando uma igreja evangélica, quase dez deles como pastor. Fez trabalho social, tirou muita gente das drogas na Cracolândia, em São Paulo, ajudou famílias inteiras nas comunidades e favelas. Um belo dia, decidiu sair do protagonismo da sua igreja quando teve divergências de opinião com outros membros daquela comunidade. Viu que poderia fazer o bem sem ser guiado por pessoas que tinham certa interpretação da Bíblia incompatível com a dele. "Mantenho a minha fé, mas hoje de pastor não tenho nada. Só o coração, que é muito voltado para as pessoas; ajudo muito, colaboro, faço doações, participo ativamente dessa forma." Nossos caminhos se cruzaram em 2021. Ele confessa que tinha alguns receios de atuar comigo por conta da minha fama de acelerado, ligado no 220. Mas, quando foi comunicado de que trabalharia comigo, ligou para mim e disse: "Eu quero ter a oportunidade de construir a minha história com você. Não quero ficar focado em histórico nem de pessoas que te amam nem de quem não tem exatamente esse apreço. Eu quero criar a minha história".

WALTER

O Walter Lima já tinha uma experiência de 22 anos em tecnologia e veio da área de telecomunicações. Já empreendeu e teve uma grande experiência em multinacionais — hoje atua na quarta empresa americana de sua carreira, sempre como profissional de vendas. Quando começamos a trabalhar juntos, ele estava passando por um momento de transição. Tinha saído da Nextel, onde era gerente da filial da Bahia, para tocar o seu negócio, sua própria empresa. Desta vez não na área de tecnologia. Foi convidado por um primo para montarem juntos uma concessionária de motos na Bahia. Entrou como investidor e depois assumiu a operação. A concessionária cresceu de 4 para 70 funcionários, uma operação relativamente grande. Ele não imaginava mais voltar para a vida executiva, não era seu plano. Mas o mercado de motos deu uma caída. Tiveram que fechar as lojas. Walter também tinha em paralelo uma empresa de tecnologia que era parceira de uma americana de software. Usava todo o portfólio dos caras e atuava na região Nordeste. Foi quando recebeu o convite para voltar, em 2016. Ele não pensava em voltar, mas seus filhos trigêmeos estavam prestes a nascer e todo o pacote que uma multinacional pode oferecer pesou na decisão. "Vou passar uma chuva lá e pronto, eu estou precisando", decidiu. Fechou o contrato e, no início de dezembro, os filhos nasceram prematuros. Passaram 45 dias na incubadora, e Walter começou a trabalhar no início de janeiro com outro gestor. "Na época, a região Nordeste era vista como o patinho feio do Brasil em termos de faturamento. Então, nunca tivemos muito resultado. Tanto é que a rotatividade nesse território era muito alta. Inclusive, o recado que recebi do outro gestor foi: 'Walter, faz o que der, cara, não vou te cobrar muito, faz o que der aqui para movimentar porque o importante é isso'. Quando assumi o mercado, tinha pouca coisa em andamento e nós entramos lá fazendo o que dava. Eu fechei uma conta razoável no primeiro ano, proporcionalmente falando". Quando eu assumi essa região, o Walter passou a trabalhar comigo.

Quando cada um deles chegou para trabalhar no meu time, eu sabia que poderia dar muito certo ou muito errado. E sempre soube que o resultado dessa relação dependeria, em primeira instância, da minha iniciativa. Posso dizer que tive e continuo tendo uma das equipes mais selvagens da empresa. Selvagem no sentido de que são pessoas seniores, que entendem a sua importância, querem fazer e sabem fazer. Por isso, eu não poderia perdê-los antes de mostrar minha proposta de trabalho.

Todo gestor está na mira, sendo avaliado o tempo todo por seu estilo, por seus resultados. Tem gente que vai gostar de você e tem gente que nunca mais vai querer trabalhar com você. E quem já passou pelo seu time vai dizer algo sobre você para os outros. Podem ser verdades ou mentiras. No geral, são sempre as impressões individuais que podem ou não servir para quem está vindo para o time ter uma ideia de quem você é. O fato é que, toda vez que chega uma pessoa nova no time, o gestor passa pelo desafio de mostrar quem ele realmente é, o que quer e por quê. Isso é o que vai fazer o colaborador deixar de lado — ou em stand by — as conclusões e as avaliações prévias que ouviu nos corredores e no cafezinho para começar a ter as suas próprias. Ele precisa mostrar quem é de verdade para cada um do time, pois assim se inicia uma relação de respeito e confiança, que envolve a grande responsabilidade de não apenas trazer resultados, mas também de construir uma história em que todos se sintam felizes por fazer parte.

Na vida, nós podemos sempre inventar uma desculpa para os problemas e nos acomodar. Mas eu não acredito que assim se chegue a algum lugar. Vejo isso acontecendo muito no Brasil, que é um país que nunca está num cenário favorável. "Ah, mas é porque o dólar subiu..." "Ah... está instável por causa da política." Quem quer chegar a resultados não pode usar cada problema que acontece como desculpa. Afinal, se quiser achar desculpas, você encontrará várias. No caso de uma equipe, não faltam problemas pessoais e profissionais de cada integrante para fazer você desistir ou achar que é impossível chegar a algum lugar. Convido você a não se deixar levar pela primeira impressão e não desistir das pessoas que estão com você até conhecê-las muito bem. Como você vai ver, com cada uma foi possível construir, conforme os desafios profissionais foram surgindo, uma relação de respeito e amizade que foi ficando cada vez mais forte. Acredito que esse vínculo de confiança e parceria é a base para perseguir o sucesso, lidar com a pressão e trazer os resultados. Vivi momentos memoráveis com cada um desses profissionais e com outros tantos. A seguir conto algumas passagens que exemplificam esse modo de trabalhar com as pessoas, colocando-as em primeiro lugar.

TEDESKO

O Tedesko entrou antes de mim na empresa em que tivemos a oportunidade de trabalhar juntos. Ele já era um vendedor experiente e conhecia bem o mercado e os clientes. Viveu a fase em que a organização tinha uma hegemonia na venda de alguns produtos. Fazendo uma analogia, imagine que exista no mercado um único fornecedor de gasolina e que dê conta de distribuir para todas as frotas de caminhões. Com isso, todos compram dele e precisam dele. Ora, quando não se tem concorrência, corre-se o risco de achar que não é necessário empenho para convencer o cliente a comprar. Tedesko notava uma cultura pouco voltada para estabelecer uma relação próxima com o mercado.

O problema é que nem todas as áreas eram líderes de mercado. A que Tedesko estava, por exemplo, enfrentava uma boa concorrência. Mas a postura dos gestores com quem ele trabalhava era a mesma dos que atuavam em áreas sem concorrência. Em sua maioria, eram distantes dos clientes, não se misturavam, o que dificultava as negociações do vendedor.

Quando nos conhecemos, vi que ele estava desmotivado com a situação. Os clientes reclamavam da falta de negociação e ele não conseguia melhorar as vendas por falta de suporte de seus superiores. Ele sentia falta de criar uma relação mais próxima com os clientes e um elo de confiança. Ao perceber que era isso que faria a diferença nos resultados na região que ele atuava, propus uma parceria entre a minha área e a dele para fecharmos negócios casados, ainda que tivéssemos que dar mais desconto – o que resulta em comissão menor. Antes que alguém do meu time fizesse cara feia, criei um grupo com todos os envolvidos e falei: "Vamos todo mundo junto, quem falar que não está sabendo do negócio vai arrumar confusão. Agora está todo mundo no mesmo barco." O desafio era fazer esse novo jeito de negociar dar certo e trazer as vendas para a empresa.

CAPÍTULO 3

O QUE O DINHEIRO NÃO COMPRA

"Viver é a coisa mais rara do mundo.
A maioria das pessoas apenas existe."

Oscar Wilde

Muitas empresas têm uma forma de contratar que sempre traz pessoas de perfis parecidos. Todas elas falam inglês, a maioria vem das mesmas faculdades, o que significa que vêm de uma classe social específica e frequentam os mesmos lugares. Isso faz com que os times sejam mais homogêneos. O que acontece é que as pessoas que tiveram formações muito parecidas replicam o mesmo modelo de vendas que aprenderam na faculdade. Um deles é baseado na teoria de que o negócio é decidido basicamente pelo preço. Seguindo essa lógica, o processo de fechamento de uma venda parece se resumir a discutir internamente qual desconto é possível dar. Mas sabemos que, na prática, um bom preço influencia, mas não define uma compra, muito menos fideliza um cliente. E esse é apenas um exemplo de receitas de bolo que muitos gerentes e diretores de vendas de empresas multinacionais seguem. Existem passos para seguir na negociação de vendas, há regras para comportamento... Algo do tipo "primeiro você tem que agir assim, depois tem que se vestir desse jeito... tem que fazer relatório toda segunda e entregar não sei quantos KPIs (Key Performance Indicators)".

Seria muito bom se realmente essa receita de bolo funcionasse como uma receita de bolo funciona: se você colocar os ingredientes na quantidade certa, e por vezes na ordem certa, e seguir os passos descritos, o resultado tem que ser um bolo bem saboroso no final. No entanto, no mundo das vendas há muitas variáveis que não deixam essa receita ter um final feliz. É como se, no exemplo culinário, o bolo fosse feito fora da sua cozinha, fora do seu ambiente controlado. O forno desse defeito, um ingrediente ficasse faltando porque não tem no supermercado... Na vida das corporações, por mais que os executivos de vendas sigam a receita, eles têm que colocá-la para funcionar no mundo. E nem tudo o que dizem ser regra básica para fechar um negócio vira determinante. Para quem está na trincheira, negociando e vendo o mundo como ele acontece de fato, entendendo o que importa ou não para cada cliente, ficar engessado numa receita é atraso de vida. No tempo que as pessoas gastam dentro da empresa fazendo planos que não vão se concretizar, elas poderiam ir a campo comigo e ver a vida acontecendo. O problema está em insistir nos caminhos que são considerados ideais, mas não funcionam na prática. Então, é preciso quebrar um pouco o *status quo* e questionar. Realmente é isso que funciona? Quem disse que toda a teoria da administração dos livros dá certo sempre? Será que o caminho não fica engessado com todas essas regrinhas?

Quando rezamos o manual das corporações e queremos que as pessoas se enquadrem em um modelo, rezem a cartilha e deem o sangue pela empresa, limitamos nossas possibilidades e as das pessoas que estão no nosso time. Isso acontece porque não permitimos que cada uma delas saia da caixa para resolver o problema — no caso, a venda, a negociação — de uma forma que talvez não seja a "perfeita" para a organização, mas que fará aquele negócio dar certo. Há um posicionamento, de certa maneira arrogante, das empresas em relação aos colaboradores, sem diálogo e com imposição. Agora pense na Monica, no Renan, no Luiz e no Walter. Qual a probabilidade de fazer com que eles engulam goela abaixo o que está na cartilha e ainda continuem trabalhando estimulados e felizes? Zero. E não por serem profissionais experientes, mas porque eles já testaram o tradicional e sabem que não dá certo.

Para aproveitar o máximo potencial das pessoas, é necessário sair do óbvio, mas que não dá certo, e ser criativo. Você pode me perguntar: "Mas, Hora, por que não dá certo se foi tão estudado a ponto de estar em livros?". Não dá certo porque a realidade é diversa. A realidade é feita de pessoas, e elas são diferentes em contextos diferentes. Querer encaixar uma fórmula pronta em todos os lugares não vai funcionar. Cada cliente tem uma necessidade específica. Antes disso, cada cliente tem uma relação específica com a empresa em que você atua. É preciso entender como ele enxerga você, enxerga a empresa. Gosta ou não gosta? Admira ou tem muitos motivos para querer ficar bem longe? É preciso amarrar todos os pontos e entender o individual, o particular. A partir do momento em que se faz isso, as fórmulas de vendas precisam ser adaptadas, porque nenhuma vai se encaixar perfeitamente. Cada negócio precisa ser personalizado. Negociações são feitas entre pessoas, ainda que existam empresas por trás delas. E é dessa negociação, dessa relação que se estabelece, que saem os melhores acordos. Parece óbvio, então por que a grande maioria não age considerando essa verdade? Por três motivos básicos:

1º Porque não sabe fazer de outra maneira que não seja seguindo as regras corporativas.

2º Porque dá mais trabalho.

3º Porque isso só se faz com o líder na retaguarda. Sem apoio, um vendedor não vai bancar uma estratégia fora da curva sozinho.

E então é aí que entra o papel do gestor, que é formar pessoas que pensam diferente e estejam dispostas a fazer diferente. Peço aqui licença para explicar por que alguns dizem que sou maluco. É porque eu nunca me conformei em rezar a cartilha. Sempre questionei. Para muita gente isso pode soar como maluquice. Para mim, é sensatez pura.

É comum estar numa empresa e receber prontas as regras do que tem de ser feito ou de como algo sempre foi feito. Na maioria das vezes as pessoas não questionam, não criticam ou não criam uma forma diferente de pensar. E não é porque "aqui se faz assim" que isso é o melhor a fazer. Ainda mais quando não dá mais resultado. Ou quando a pessoa que está dizendo o que fazer não está mais no dia a dia da operação. Pode até ser que o CEO da empresa tenha uma opinião que deve ser considerada, mas, no caso de uma relação de vendas, quem está lidando diretamente com o cliente tem mais condições de ler o cenário. Nesse caso, se o CEO confia no seu gestor, precisa dar autonomia para ele fazer do jeito que acredita. Por outro lado, o gestor precisa ter coragem — ou ser encorajado — para fazer do seu jeito e não apenas abaixar a cabeça e fazer o que não concorda por uma simples questão de hierarquia. Sim, é um risco, mas ele tem que acreditar em si mesmo. Se está de fato no negócio, sabe do que se trata. E, se tem todos os detalhes, é capaz de tomar uma decisão. É assim que as novas soluções surgem. No livro *Originais — como os inconformistas mudam o mundo*, Adam Grant mostra que qualquer pessoa pode ser mais criativa e capaz de identificar novas saídas para os problemas. Grant diz que é preciso sair do conformismo se realmente queremos melhorar as coisas. E quem age assim se destaca. Foi o que comprovou uma pesquisa feita pelo economista Michael Housman, citado no livro. Housman queria entender por que alguns profissionais de atendimento ao cliente permaneciam mais tempo no mesmo emprego do que outros. Obteve a resposta, meio que por acaso, quando resolveu estudar o navegador de internet que eles usavam. Ficou surpreso ao constatar que os funcionários que ficavam mais tempo na empresa eram os que usavam Chrome ou Firefox para navegar pela rede. Eles permaneciam 15% mais tempo no emprego do que aqueles que usavam Internet Explorer ou Safari. Investigou mais a fundo e viu que os primeiros também faltavam menos e tinham avaliações mais positivas do seu atendimento pelos clientes. A escolha do navegador tinha total relação com o comportamento desses funcionários. Eles eram aqueles que não se acomodavam com o que já estava estabelecido — no caso, os navegadores que já vinham instalados no computador — e tinham uma postura de buscar melhores soluções, por mais que isso lhes desse mais trabalho. Esse comportamento parecia se repetir em outras atitudes no trabalho, que resultavam em melhor desempenho. Ou seja, questionar e buscar melhores saídas é o caminho dos profissionais de sucesso.

Se fosse para ser sempre *by the book*, como diz a cartilha, a empresa não precisaria do vendedor. Bastava colocar um e-commerce e ponto. Ou você apresenta algo que seja criativo, que vai transformar a vida do cliente, que vai resolver o problema dele e fazer com que ele se transforme num parceiro de negócios, ou não vai sair do lugar.

Isso vale para qualquer mercado. Conto, em linhas gerais, como acontece numa empresa de tecnologia. Os produtos e serviços estão sempre se renovando e inovando numa velocidade muito difícil de acompanhar. A grande maioria dos clientes não sabe quais benefícios pode ter de uma nova tecnologia ou solução. E, quando você não conhece algo, tem que conhecer para poder comprar. Do lado do time de vendas, quem não estuda e não se prepara para vender vai ter pouco argumento de vendas. Aliás, não basta estudar o produto. Tem que estudar também o cliente e pensar em como aquela solução vai ser importante para ele, como vai facilitar a vida dele, como fazer os processos ficarem mais ágeis e, claro, como fazê-lo lucrar mais.

Independentemente do mercado de atuação, algo não muda: é preciso conhecer o cliente de perto, entender o que ele precisa e apresentar seja lá o que você tenha para vender de uma forma que seja congruente. Precisa fazer sentido como produto ou serviço, e, além disso, a venda precisa acontecer em condições que sejam viáveis para ambos os lados. E isso muda o tempo todo. Então, bater a meta num final de quarter[2] não significa que o próximo também está ganho. Porque a vida muda, as circunstâncias mudam, e, como não existe uma fórmula secreta, tem que estar claro que o que deu certo no ano passado não vai dar certo este ano e... não vai dar certo no ano que vem. Vivemos uma constante disrupção. É por isso que não acredito no modelo de ninguém. A minha mente é questionadora. A pessoa vai ter que me provar que é daquele jeito que funciona ou, então, eu não acredito.

Sempre existe uma forma diferente ou melhor de fazer a mesma coisa. E não é porque a forma foi ajustada e teve sucesso que não será preciso arrumar outra para fazer melhor da próxima vez. Uma das grandes dificuldades da vida fora da cartilha é justamente esta: ter que se reinventar o tempo todo. E

2 Período fiscal de três meses. Os meses são diferentes de acordo com o ano fiscal de cada empresa.

essa reinvenção precisa do elemento humano, criativo e profissionalizado ali, atuando, para fazer a conexão. O vendedor está ali para fazer essa diferença. Em outras palavras, precisamos de pessoas o tempo todo no front, se relacionando, se atualizando e entendendo as necessidades e o contexto das outras pessoas, diga-se, clientes. Para isso, não dá para ter preguiça, esse é o ponto. Não pode ter comodismo, achando que o jogo está ganho, e seguir no automático. Até que vem uma pandemia e passa a rasteira em você; e aí?

É preciso olhar muito mais o contexto do que a técnica a aplicar. Aliás, a técnica vem depois. Eu tive que aprender, por exemplo, que aquilo que dá certo em Fortaleza não dá certo na Bahia. Como é que você vai fazer uma receita de bolo e querer botar todo mundo na mesma caixa? Assim como isso vale para as pessoas, pois cada um é de um jeito, vale para os territórios, porque cada um tem uma peculiaridade.. E não tem certo nem errado. Não tem mais fácil ou mais difícil. O que tem é o jeito de cada um. E o jeito é entender cada universo que se apresenta, a pessoa e o contexto.

Trabalhando nesse ritmo, com esse intuito, não tem negócio que não vá ter uma forma de se concretizar. Não importa o contexto, a crise, o problema, porque haverá espaço para o diálogo e o entendimento. Isso é diferente de tomar atitudes a partir do que estava escrito ou determinado. Pode ser que em alguns momentos a venda não aconteça ou demore para acontecer, mas até a resposta "não" vem com explicação e com contexto, dando elementos para ser mais assertivo da próxima vez ou trazer alguma solução que não estava disponível no momento.

Então, a negociação e o sucesso das vendas estão muito além do desconto, porque estão além das fórmulas prontas e precisam do ser humano. O dinheiro não compra a conexão que as pessoas precisam ter para fechar um contrato. O dinheiro não compra a preocupação genuína de querer entender o cliente e oferecer uma solução que realmente melhore a vida dele e traga os resultados de que ele precisa. O dinheiro não compra a confiança que as pessoas querem ter para comprar e comprar de novo. O que falta para que mais contratos sejam fechados é essa construção de relacionamentos, que começa em casa, digo, na empresa, com a figura do líder incentivando seu time a criar constantemente essas relações.

CAPÍTULO 4

VALORES SÃO A BASE

"Por algum motivo, as pessoas se baseiam nos preços e não nos valores. Preço é o que você paga. Valor é o que você leva."

Warren Buffett

Precisamos das pessoas, porque elas serão capazes de criar para fazer diferente, de construir relações e de trazer soluções que façam os negócios acontecerem. Mas não é preciso que elas já venham prontas. Elas podem ser treinadas para agir assim. O que precisa vir pronto, de fábrica, são os seus valores, porque esses não se ensinam. Ou você tem ou você não tem. E negócios baseados em relações precisam ser feitos por pessoas que tenham uma formação de caráter muito sólida.

Veja o caso da Monica. Quando entrou no time, ela estava migrando de uma área que vendia uma solução completamente diferente da nossa. Era quase como trazer alguém que vendia chinelo de borracha para vender imóveis. Além disso ela estava na Bahia, acostumada a outro ritmo. O ritmo da regional era diferente, e o estilo de cobrança por resultados também. Ela pegou um território muito desafiador, mas eu tinha certeza de que daria certo. Isso porque eu olho a pessoa, os valores. E ela tinha os valores. O resto a gente ensina. Você não consegue ensinar ética e respeito, por exemplo, mas a técnica você dá o caminho das pedras, o passo a passo. A Monica valoriza a família, tem respeito, tem ética, tem conduta, tem força de vontade... tem todos os valores que a empresa considera importantes.

Eu não sigo a cartilha da empresa no que diz respeito às regras de como fazer as coisas acontecerem, mas faço questão de seguir os valores da empresa. Na minha visão, a cartilha está lá para ser questionada. A empresa contrata profissionais para agregar, inovar e mudar o que precisar ficar melhor. Já os valores de uma empresa precisam ser os mesmos dos colaboradores que trabalham nela, porque eles são aquilo que norteia uma organização, assim como norteia nossa vida e nossas escolhas.

Não é possível uma relação empresa-funcionário dar certo ou durar por muito tempo quando os valores não são congruentes. Pensando assim, parece óbvio que todas as pessoas que trabalham para uma empresa saibam se estão em sintonia com isso ou não. Mas não é o que acontece. Por incrível que pareça, quando pergunto sobre esse assunto, nem todo mundo tem clareza de quais são os princípios e os principais objetivos da empresa. E eles não podem não saber, pois é isso o que nos guia dentro da corporação. Afinal, se uma pessoa não estiver de acordo com esses princípios, ela está no lugar errado. Isso fica claro no dia a dia, e cabe ao gestor garantir que esses valores sejam inegociáveis. Houve um divisor de águas que me ajudou a estabelecer a importância disso dentro da equipe. Foi quando eu mandei embora um cara que estava com a cota feita por um único motivo: ele não falou a verdade pra mim. Acho que nunca imaginaram que eu teria coragem de fazer isso. No dia seguinte ao do fim do ano fiscal, fui falar com ele pessoalmente. Expliquei o motivo: "Você está sendo demitido não pelo seu número, mas porque você me garantiu que estava num cliente, mas não estava. Você podia ter falado a verdade para mim. Então não preciso de você, perdi a confiança". Ele foi embora porque não tinha os mesmos valores do time. Quando o líder cobra isso de fato, ele acaba tendo uma seleção natural das pessoas.

Acontece o mesmo na vida pessoal. Os amigos, por exemplo, são uma escolha natural, porque, quando você não tem os mesmos valores que um determinado grupo, acaba não tendo assunto ou falta vontade para conviver e fazer programas juntos, fazendo com que a relação não evolua.

Na empresa, quem não tem os mesmos valores acaba atrapalhando a performance da área e espirrando naturalmente do time. E não faz a menor falta. Porque muitas vezes essas pessoas acabam tirando a unidade que faz com que a equipe cresça. Dessa forma, pessoas com valores que não são bem-vindos mais atrapalham do que ajudam. É uma lógica parecida com o que foi descrito no filme da história da Netflix, que conta sobre uma época em que a empresa estava muito ruim das pernas e teve que fazer demissões. Eles tinham alguns funcionários muito bons e outros medianos. Optaram por mandar todos os medianos embora, e o que aconteceu é que conseguiram melhorar muito a produtividade com metade da equipe. Então, às vezes é melhor você dispensar as pessoas que reclamam, porque elas diminuem a produtividade e levam o time para baixo. Quando coloca a barra de valores lá em cima, você também acaba ficando apenas com os melhores e mais conectados com aqueles valores. Quem não se identifica é expurgado ou acaba saindo naturalmente. É uma escolha natural.

Para identificar os valores de quem faz parte da equipe no dia a dia do trabalho, é preciso ser uma pessoa observadora. Dá para ver por atitudes ou exemplos ou, ainda, pelos casos que uma pessoa conta, modelos de comportamento que possam exemplificar seus valores. Dá para saber se ela, por exemplo, valoriza estar com a família, se valoriza colocar o cliente no centro, se renuncia ao que é só dela para dividir com o outro... Pequenas falas, posturas e opiniões vão entregar valores que têm conexão direta com o dia a dia da empresa. Porque o valor na vida pessoal se repete na vida profissional. Observar é até mais importante do que questionar os valores. Porque, se você fizer um interrogatório sobre o que é certo ou errado, há mais chances de ouvir respostas que não condizem com a prática. O melhor, então, é encontrar formas indiretas de observar, até para que, no dia a dia, o clima da convivência não se torne pesado, fazendo com que a pessoa se sinta monitorada 24 horas por dia e tenha medo de agir espontaneamente. É importante que o ambiente de trabalho seja mais alegre para que cada um fique à vontade para ser quem é, em sua melhor versão.

Além de observar os valores, é preciso garantir que eles estejam sendo seguidos. Isso se faz liderando pelo exemplo, ou seja, agindo de acordo com eles, e não fechando os olhos para quando não forem cumpridos. Existem maneiras de determinar quando uma atitude não foi adequada. Uma delas é questionar e apontar o que era esperado. É importante que você seja o exemplo. "Por que não fez dessa forma? Veja, você poderia ter agido assim..." Pode ser o caso de o gestor participar de uma forma mais próxima do dia a dia daquela pessoa da equipe. Não adianta só reclamar depois que o leite está derramado. É preciso estar junto, orientando e, mais uma vez, observando se está havendo evolução. Estar com a equipe, aliás, é regra, porque é só assim que você consegue identificar se algo não está certo ou não vai bem. Melhor ver com os próprios olhos ou ouvir com os próprios ouvidos do que ter que pautar suas atitudes a partir de informações de terceiros. Para liderar pessoas é importante estar presente e estabelecer uma relação verdadeira com elas. É dessa forma que você passa a entender que cada integrante da sua equipe é um indivíduo único com necessidades específicas. Entender que um cliente não é uma empresa, mas sim uma pessoa que representa a empresa; que toda negociação ou relação de trabalho é um relacionamento entre dois seres humanos.

Valores estão acima de qualquer meta, porque acabam influenciando os resultados. Uma equipe que tem certeza de que os valores estão sendo cumpridos acaba fazendo muito mais. Em nosso time, por exemplo, é senso comum que todos vão trabalhar para ser o melhor, pois se trata de uma equipe de alta performance. Mas ninguém chega na frente passando a perna no outro, nem tem essa de ser a única estrela, porque todo mundo tem condições de vestir a camisa 10. Eu, como gestor, vou fazer questão de que todos se desenvolvam para isso. A cada trimestre uma pessoa vem se destacando, isso é natural. Essa cultura de valores é percebida e vivida por quem está fora também, como clientes e parceiros. Por exemplo, se começamos um negócio com um parceiro, vamos com ele até o final, não vamos trocá-lo. Ponto. É uma questão de ser correto.

CAPÍTULO 5

VOCÊ ENTENDE DE SONHOS?

Conheça o maior sonho de cada pessoa — é por isso e para isso que ela vive e trabalha.

Nas reuniões de planejamento com a minha equipe, a primeira meta que peço para cada um estabelecer não é de negócios, mas sim de cunho pessoal. Faço isso porque sei que é a meta pessoal que vai dar energia para a pessoa fazer o melhor no trabalho. Não adianta ter só um objetivo de trabalho sem ter um propósito. Então eu começo a conversa perguntando: "Qual é o seu maior sonho hoje?".

Foi com essa pergunta que descobri, por exemplo, que o grande desejo do Tedesko, quando ele começou a trabalhar comigo, era montar uma cervejaria. Pedir para as pessoas do time compartilharem seus maiores sonhos é uma forma de conhecer cada uma delas mais a fundo e, além disso, entender o que as motiva na vida. É o sonho que faz com que uma pessoa siga em frente com garra, e por isso não apenas quero saber por curiosidade, mas também para direcionar todo o meu trabalho com essa pessoa para que ela consiga conquistar o que mais deseja. O Tedesko já conseguiu realizar seu sonho. Montou a Pivo Cervejaria, que fica na região serrana do Espírito Santo.

Esse interesse pelas pessoas e pela vida delas fora da organização soma muito, porque traz a particularidade de cada um para o dia a dia do trabalho. Quando você conhece de verdade as pessoas que estão atuando com você, fica muito mais fácil liderar. Porque para liderar é preciso falar a mesma língua, estar em sintonia, e é dessa forma que a equipe toda entra no gás. É como se cada um pensasse assim: "O meu líder está ali comigo e ele sabe exatamente o que eu quero, ele sabe o que é importante para mim. Então, eu vou com ele". No livro *O jeito Harvard de ser feliz*, Shawn Achor concluiu, com base em pesquisas, que as pessoas felizes têm muito mais sucesso. Elas têm muito mais êxito e convertem muito mais vendas quando trabalham de forma mais feliz. São, inclusive, muito mais assertivas quando estão alegres. Isso foi comprovado por descobertas feitas no campo da psicologia positiva, da psicologia e da neurociência. A felicidade impulsiona o sucesso porque, quando as pessoas são positivas, o desempenho do cérebro delas aumenta. Elas se sentem mais propensas a se envolver por inteiro numa atividade, ficam mais criativas, motivadas, cheias de energia e produtivas no trabalho. E eu vejo que uma das maneiras de ser feliz é saber que se está cada vez mais próximo de conquistar seu sonho. Então, até mesmo quando as pessoas têm menos conhecimento técnico do que estão fazendo, trabalhar felizes faz com que consigam atingir os objetivos. Por isso, aprendi a não falar nas reuniões de planejamento sobre números ou da cota, mas sim dos objetivos e dos sonhos com as pessoas. Essa não é apenas uma forma de conseguir o que almejamos, mas também de tornar o dia a dia menos estressante.

É essencial perguntar sobre os desejos, porque nem sempre a pessoa é o que aparenta. Nem todo mundo tem o mesmo propósito, nem todo mundo quer a mesma coisa, nem todo mundo está no mesmo momento. Quando não fazemos essa investigação, podemos ficar com uma ideia errada e seguir com ela. É muito comum achar que 100% das pessoas que trabalham numa multinacional têm como meta principal ficar ricas. Mas, se você perguntar para cada uma qual é a meta real, vai se surpreender.

A primeira lição que aprendemos ao conhecer os sonhos da equipe é que cada um do time está ali por motivos diferentes. Na minha equipe, os sonhos são os mais diversos. O que motiva a Monica não é o que motiva o Renan, o Tedesko ou o Bernardo. Eu entendi que, para a Monica, o maior sonho não é dinheiro, nunca foi. Já para outra pessoa da equipe, enriquecer está no topo das conquistas. Para uma terceira, o sonho é virar gerente. E por aí vai.

O Renan estava de casamento marcado e teve que sair de férias por quinze dias para a lua de mel assim que começou a trabalhar comigo, logo no primeiro fechamento de semestre. Ele nem tinha direito a férias ainda. Eu disse: "Vai e volta feliz". Foi o que ele fez. Foi e voltou pronto para o que der e vier. E, se precisar viajar de um dia para outro, ele vai. Eu posso contar com ele e ele sabe que pode contar comigo. Colocar o humano à frente do profissional contribui para que a relação de trabalho seja muito mais positiva.

Os sonhos também mudam de tempos em tempos. Às vésperas do casamento, os maiores planos do Renan estavam relacionados a fazer a festa e construir uma casa. Hoje, mudaram. Então, é preciso sempre atualizar essa conversa para não cristalizar uma ideia sobre uma pessoa. O relacionamento e as conversas constantes com cada membro da equipe fazem vocês ficarem na mesma página. As pessoas mudam e os sonhos também.

Se você tem uma equipe, convido você a fazer uma experiência e começar a perguntar qual é o sonho de cada um do seu time. Entender isso vai ajudar a ler cada um e a fazer um trabalho direcionado, dentro do que mais importa para eles individualmente.

Além de direcionar o trabalho considerando aquela meta pessoal, também costumo provocar o meu time a pensar além do próprio umbigo. Ok, você tem objetivos pessoais, e vou ajudar você a conquistá-los. Mas o que mais você quer fazer? Já pensou no que pode fazer pela sociedade? Cada pessoa precisa ter seus sonhos individuais e sonhos coletivos, que são muito maiores, pois impactam mais gente. A lógica é simples: tudo o que a gente dá a gente recebe. O seu sonho fica mais perto de ser alcançado quando você realiza — ou ajuda a realizar — o sonho de alguém.

CAPÍTULO 6

CONFIANÇA DENTRO E FORA DA EMPRESA

Faça a coisa certa, mesmo quando ninguém estiver olhando. Isso se chama integridade.

Quando começamos a trabalhar com uma pessoa, o que mais queremos é confiar nela. Afinal, todo mundo quer acertar nas relações e nas pessoas que traz para perto. Mas isso não nos impede de nos mantermos alertas, estudando o comportamento delas para ter certeza de que podemos confiar. Para estabelecer uma relação de confiança, um gestor precisa criar situações em que mostra que é confiável, para só depois cobrar o mesmo do outro. Afinal, da mesma forma que você observa o outro, ele observa você. Então, para trazer o time para perto, eu criei um modelo de confiança. Vale dizer que ele foi sendo aprimorado na prática sem intenção de ser um modelo. Na verdade, ele vem de um valor em que acredito e que sigo há muito tempo, e tem como inspiração um personagem da história, o Jacques de Molay, que entrou para a Ordem dos Cavaleiros Templários aos 21 anos, como muitos filhos da nobreza europeia.

Ele ficou conhecido como o último dos templários, e suas marcas registradas foram a lealdade, a fidelidade e o companheirismo. Mesmo quando ele e seus companheiros foram aprisionados na masmorra, sofreram torturas e viveram em condições subumanas, ele se manteve fiel à ordem dos templários, se recusando a revelar o local das riquezas da ordem e a denunciar seus companheiros. Ele acabou sendo queimado vivo, mas se manteve leal aos seus princípios. Foi um cara confiável acima de qualquer coisa. Isso é algo que se conquista e se cultiva diariamente.

O modelo de confiança que fui construindo tem como um dos pilares a transparência. Não vejo forma mais efetiva de dizer "podem confiar em mim" do que me despindo de qualquer segredo. No caso de uma relação profissional, de gestor com equipe, e em um time de vendas, encontrei o gatilho de ter um papo reto sobre a minha meta. Sempre abro para o time quanto eu preciso alcançar e quanto vou ganhar com isso. Minha cota é tanto, a sua cota é tanto. Preto no branco. Quebrei um pouco, não diria sigilo, mas o senso comum de deixar as coisas não tão claras. E isso não apenas com cota. Com tudo. Abro também, por exemplo, a conta do telefone celular que uso da empresa. Todos sabem quanto eu gasto. Faço isso porque é importante se certificar de que a pessoa tem dados palpáveis para confiar em mim. Eu exponho os meus gastos e separo tudo o que fiz. Para quebrar o gelo e fazer com que as pessoas comecem a se ajudar, você precisa deixar as coisas muito claras.

Dependendo do ambiente da empresa e do que aconteceu com uma determinada equipe antes de você assumir, construir confiança pode ser mais um processo de resgate dela. Nesse caso, vejo como primeiro passo puxar as pessoas para perto e, dessa forma, mostrar que é possível fazer uma mudança de vínculo juntos. Se a confiança está abalada, não tem como impor uma nova cultura. O jeito é dar tudo de si para convencer as pessoas a correr por você, mostrando que você está correndo por elas.

Isso aconteceu com o Renan, quando eu fiz o convite para que ele viesse trabalhar comigo, em 2019. A primeira pergunta que ele me fez foi se teria alguma autonomia nas negociações. Disse que sim, mas não me limitei a isso. Quis me certificar de que o Renan tivesse mais dados para confiar em mim e marquei uma conversa dele com o vice-presidente da empresa. Isso o convenceu a aceitar a proposta e, com o tempo, a fixar a sua confiança. Ele me contou que foi trabalhar comigo pensando: "Bom, eu vou participar por três meses e, se realmente não gostar, eu saio em seguida. Se eu gostar, fico um ano, porque é um upgrade na carreira". Depois de três anos, ele me disse numa conversa que não pensa em sair.

CADA UM É CADA UM

Outro ponto que vejo como essencial é dar um tratamento pessoal a cada colega. Em outras palavras, mostrar que considera cada um deles individualmente. Não tem essa de comunicado geral, ainda mais quando se trata de uma equipe enxuta, com sete, oito pessoas, como a minha. Antes de comunicar alguma coisa, converso com todos individualmente, porque cada um tem uma maneira de assimilar uma informação. Em cada pessoa a notícia impacta de uma forma diferente. Esse tratamento personalizado é uma maneira de dizer "eu me importo com você". Mensagens subliminares como essa só reforçam e fortalecem a relação. Dessa forma, cria-se uma amizade.

Para criar uma relação de confiança, é preciso conhecer, estudar e entender como o outro funciona, e, assim, extrair o melhor dele. Cada um tem um modelo diferente de trabalho; o que se aplica a um não se aplica ao outro. Muitas vezes esquecemos que do outro lado existem pessoas que nem sempre estão nos seus melhores dias, e queremos resolver alguma coisa pontual bem nessas ocasiões. Quando isso acontece, e obviamente não dá certo, temos que voltar e recomeçar. Ou melhor, temos que respeitar o tempo das coisas.

Tem gente que é super mal-humorada pela manhã. Eu já sei que é assim. Portanto, não vou ligar para ter conversa difícil nas primeiras horas do dia. Acho importante ser assertivo nos detalhes das características de cada um. Tem quem seja acessível o dia todo... menos na hora do jornal na TV. Essas nuances também são úteis para poder gerir um time diverso em termos de comportamentos, idade e tudo o mais. É entendendo como cada um funciona que extraímos o melhor deles e demonstramos respeito. Não existe uma fórmula secreta para lidar com pessoas. Não dá para replicar a maneira como você age com uma e outra. E nem sempre elas estão nos melhores dias, afinal elas também têm problemas e passam por dificuldades. Cada dia é um dia, e você tem que ter essa sensibilidade para analisar. Se foi por um caminho e não deu certo, vamos tentar por outro, tentar de uma forma diferente. O que deu certo o ano passado e não está dando certo este ano nós vamos mudando.

Esse modo de estabelecer a confiança funciona não só entre colegas de trabalho, mas também com os clientes. O cliente entra nessa dinâmica também e acaba virando amigo. Isso porque as pessoas vêm antes da empresa.

Certa vez, atendemos um cliente que precisava dos nossos produtos, mas devia muito dinheiro. Ele não tinha crédito, mas estava precisando comprar e nós precisando vender. O que fazer numa situação dessas? Devemos pegar o problema ou largá-lo e partir para outra? Mas sou daqueles que preferem achar soluções. A ideia foi encontrar um parceiro que assumisse a dívida e pudesse intermediar a venda. Ele compraria o nosso produto por um preço mais baixo e o venderia para o cliente endividado. Criamos uma solução em que um cliente parceiro opera um produto para um determinado cliente final, mas na qual a responsabilidade financeira é desse parceiro e não do cliente final. Então a empresa garante o recebível, o cliente recebe a tecnologia e o intermediário ganha o lucro de fazer o meio de campo. Essa foi uma das vendas mais complexas que já fizemos, porque envolvia negociar a dívida, aprovar um novo parceiro e um novo modelo. Foi um processo muito trabalhoso e demorado. E o mais interessante foi que o pilar da confiança contou muito. Quando montamos a reunião com o cliente e com o parceiro, o que contou foi a transparência e a nossa palavra. Garantir que o preço seria honrado, garantir que faríamos um plano para que o intermediário viabilizasse a transação financeiramente. Foi construído um elo de confiança entre as três empresas envolvidas que deu tranquilidade para todas as pontas. A operação, apesar de incomum, foi adequada e ética, toda certinha. Muita gente não acreditou como conseguimos. Mas foi a confiança que embasou tudo.

Em outra ocasião, começamos a discutir um projeto que seria feito com um cliente importante, mas que estava ressabiado pelo histórico das negociações anteriores com a empresa. Não vi maneira melhor de trazê-lo de volta do que puxar a responsabilidade para mim. Fiz a proposta de irmos juntos conversar com o cliente. O que eu estava construindo era uma proposta de valor de resgate da imagem da empresa. E fiz tudo o que pude para não haver impeditivo técnico nem financeiro que inviabilizasse o projeto. Não foi daquela vez que trouxemos o cliente de volta. Mas, pelo menos, deixamos a porta aberta. Deixei nosso acordo todo por escrito e me comprometi com a entrega. Em outro momento, fechamos com ele. O cliente não compra um produto ou um serviço, compra confiança, relacionamento. Ele fecha o negócio porque acredita no que estamos falando. Por isso é tão importante dar o primeiro passo para tirar da mesa qualquer dúvida ou medo de ser passado para trás. Depois disso, o restante das relações vai se complementando. Ele deixa de nos ver como um fornecedor para nos encarar como um parceiro de negócios.

Com o cliente, o caminho da confiança também passa por conhecê-lo bem. Isso porque você consegue lhe oferecer algo sob medida se sabe exatamente do que ele precisa e o que procura. Dessa forma, extrapola uma visão fria, que foca apenas o negócio ou números. Quanto mais você estabelece uma relação próxima, mais vai entender o que corre nas veias daquela pessoa, quais são seus sonhos, qual é seu propósito. Ao chegar a esse estágio, você tem informação suficiente para falar a língua dela e criar soluções que realmente toquem seus objetivos e seu coração. Um cliente que enxerga você como um grande parceiro estratégico é um cliente que vai seguir com você. Certa vez, um cliente contou para mim e para a Monica que tem o sonho de levar saúde para todos os municípios do Brasil. Desde que soubemos disso, nosso foco foi criar soluções que tornem isso viável.

Essa confiança também tem que ser construída com as demais áreas da empresa. Até porque existem negócios que só dão certo se envolvermos mais de uma área. Nesse caso, em vez de tentar adivinhar o que uma determinada área vai pedir ou em que ponto ela pode criar algum empecilho, o caminho é envolver as pessoas o quanto antes. Assim, elas trabalham junto com a gente e ninguém fica com aquela apreensão de vender algo que não será aprovado internamente. Essa transparência e antecipação ajuda a provar para os clientes internos que se está fazendo uma venda saudável, que se está fazendo um negócio correto, ético... A todo momento nós temos que mostrar isso. Então, temos dois tipos de venda: uma para o cliente externo e outra para o cliente interno, das demais áreas. O tempo todo é preciso provocar as pessoas a se conectarem, se encontrarem. Criar um ambiente em que um saiba que pode contar com a ajuda do outro. Isso é o que gera o trabalho em equipe e a certeza de que não se está sozinho, que um está ali pelo outro. Ou seja, as pessoas passam a confiar nesse ambiente e se sentem parte de um todo. Quando cada um trabalha isolado, a coisa não vem. Aí você bota um gás que faz com que as pessoas comecem a se ajudar e, além disso, criem vínculos de amizade entre si.

CAPÍTULO 7

LEVE A SÉRIO O "TAMO JUNTO"

"A cabeça da gente tem dois lados: o do problema e o da solução. Fui treinada para usar o da solução."

Luiza Trajano

Logo que eu assumi como gestor de vendas, ninguém pensava em vender algumas das soluções que tínhamos na região Nordeste e em Minas Gerais. Devido a uma série de questões, a relação com diversas empresas desses lugares não estava boa, o que tornava novas negociações um problema. Mas onde tem um problema existe uma pessoa esperando uma solução, querendo resolver. Vejo assim. Às vezes, a solução não chegou ainda porque o negócio não foi bom para ambos os lados. Na maioria das vezes, se a questão não se resolve é porque alguém não cedeu. Nesses casos, há uma oportunidade de tentar e fazer dar certo.

Uma das particularidades de trabalhar com clientes no Brasil inteiro é que cada região, ou melhor, cada estado, tem suas características e sua forma de fazer negócios. Tudo isso por um motivo: as pessoas. Em cada região existe uma cultura e um contexto que requer um jeito diferente de estabelecer a conexão. Mais uma razão para levar para o pessoal e focar as vendas nos indivíduos e não numa fórmula pronta de negociação que talvez dê certo na capital paulista, mas não vai trazer resultado nenhum em Salvador, na Bahia. E, como no mundo corporativo a única certeza que se tem é a de que tudo muda, é necessário sempre estar pronto para conquistar e criar relações em um mercado novo.

Só vejo uma boa negociação acontecer "por meio" das pessoas e "com" as pessoas. Para isso, é preciso que alguém tome a iniciativa de perguntar: "O que está mal resolvido? Qual é o problema?". Um dos maiores desafios é justamente conseguir entender a cabeça do outro, o que ele está pensando, o que está almejando. Então, a partir dessas informações, começar a traçar uma forma de resolver, considerando as limitações e as possibilidades do caso. Trata-se basicamente de negociação e de vontade de fazer a coisa acontecer.

Para fazer isso, não dá para ficar lá no pedestal, esperando que o time se vire sozinho. Está cheio de líder que não vai para o front e fica só olhando a planilha, vendo quem bateu meta e quem não bateu. As coisas não funcionam assim quando você quer ter um time que veste mesmo a camisa — e se você quer chegar a lugares aos quais ninguém chegou ainda. Por isso, em toda situação que não está redonda e exige uma solução mais complexa, estou à frente. Chamo a turma, falo "vamos montar juntos esse negócio" e meto a mão na massa. É só trazer o cara e você atender da melhor forma; ou seja, não vale simplesmente botar o pepino na mão do outro. Essa questão de ter integração com a sua equipe é bacana. Ir a campo é fundamental. Eu procuro estar em todo lugar o tempo todo. Em Recife, Fortaleza, Cuiabá, Porto Alegre... Falando com os clientes e fazendo as coisas acontecerem com o processo de venda. O Tedesko diz como isso afetou o trabalho dele, nos tempos em que ele fez parte da minha equipe: "Para quem está no time dele, isso tinha dois efeitos. O primeiro era que, se o cara que é gestor vai sair amanhã de Porto Alegre para ir na reunião com o meu cliente em Belo Horizonte, eu não posso estar reclamando. Se ele está correndo essa milha extra, eu tenho que correr duas, não tem condição de fazer menos. Então isso servia naturalmente como exemplo. E o segundo era que ele dava confiança, porque o Hora era sempre um grande parceiro nessas horas da negociação; e, como eu falei, se ele estava correndo aquele tanto, não tinha como a gente correr menos".

Tanto é que não temos mais reuniões de vendas, porque o gestor de vendas não tem que cobrar, ele tem que fazer parte do negócio e fechar; ele tem que saber dos principais negócios e estar inserido.

Afinal, ele faz parte do processo. Ou ele faz parte da história ou está fora do jogo.

Quem está na liderança tem que ser a primeira pessoa a se virar, estudar o problema e montar um plano de ação para executar. Em vez de reunião de cobrança por resultados, trocamos experiências entre os membros da equipe. Todos ficam sabendo sobre as soluções que cada um deu para um negócio, e assim temos um aprendizado acumulado. Estudar o negócio e todas as suas possibilidades a fundo é o caminho para ser o melhor ponto de apoio da equipe. Não basta discurso motivacional, tem que saber exatamente o que pode ser feito para traçar um "como" factível. E aí é chegar no cliente demonstrando uma vontade genuína de criar e/ou resgatar uma relação. É papel do gestor facilitar as coisas para que as relações aconteçam.

O PROBLEMA É DE TODO MUNDO (E A SOLUÇÃO TAMBÉM)

Uma das coisas que eu não entendia logo que assumi a minha área era por que cada time de vendas trabalhava de maneira isolada. Promover alianças internas, tentar trazer as pessoas boas para trabalhar com você, como parceiros de negócios, é uma via de mão dupla.

Quem tinha um produto mais fácil de vender resolvia rápido. Já quem ralava para apresentar ao cliente um produto ou serviço mais complexo, ou mais caro, tinha que se virar sozinho. Não fazia sentido. Por isso, nas negociações que estavam sob a minha responsabilidade, passei a levar o "tamo junto" ao pé da letra e a integrar as equipes que trabalhavam isoladas até então. Juntei pessoas de áreas diferentes que atuavam em regiões diferentes. Foi importantíssimo trazer todos num mesmo lugar e pensar juntos sobre como chegar aos objetivos. Começamos a atacar as contas que tinham problemas e a trazer soluções para os clientes. Eu sei que isso faz o time sentir esse estímulo. É um time só. Eu criei um grupo e falei o seguinte: "Vamos todos juntos, está todo mundo no mesmo barco".

Um exemplo prático e real. Um determinado time de vendas vendia um hardware, e o nosso time vendia o software que rodava nesse hardware. O contato do cliente estava nas mãos de um vendedor de hardware. Ou seja, ele conduziu toda a negociação. Só que, para vender os dois produtos dentro do dinheiro que o cliente tinha para investir, era preciso dar desconto. O vendedor, nesse caso, já tinha dado e estava no seu limite. Claro que a minha área queria dar o mínimo de desconto possível para maximizar os ganhos e a comissão. Mas, se ficássemos inflexíveis com nosso preço, o negócio não sairia. Nessa hora, entrei para fazer a negociação funcionar. Mesmo que isso não fosse obrigação da minha área, eu sabia que foi o vendedor quem trouxe o negócio e sabia que ele estava no limite da sua margem. Ajudei a chegar ao valor que o cliente podia pagar, baixando a margem da minha área também. Dessa maneira, fechamos o negócio que poderíamos não ter feito.

Eu poderia manter o nosso preço pensando em ganhar uma comissão maior, mas preferi pensar no todo, no time. Porque sei que, quando todos ganham, todos se comprometem a ajudar. Hoje é o outro que precisa, mas amanhã pode ser alguém da minha área. Isso sem falar no cliente, que ficou duplamente satisfeito.

Usando o mesmo raciocínio do "tamo junto", passei a criar times para atender determinados clientes. Nesse caso, eram times não compostos apenas por vendedores, mas sim por um grupo, digamos, multidisciplinar. Isso porque o vendedor nem sempre consegue fazer tudo sozinho. Ou, se consegue, pode demorar mais do que quando tem apoio das outras áreas. Em uma empresa muito grande, cada informação está num canto diferente. Então, quando há um problema que é necessário resolver com um cliente, precisamos de agilidade e assertividade. Quando temos gente de todas as áreas nos apoiando, fica mais fácil achar a informação, achar o culpado, enfim, desatar os nós para tornar o negócio viável. Você tem uma pessoa de marketing, você tem uma pessoa do RH, você tem um time de pré-vendas, você tem um time técnico... como se fosse uma miniempresa que te apoia, uma pessoa de cada departamento que fica com você e você usa ou não. Com isso, a comunicação fica cada vez mais clara, e a entrega para o cliente se torna muito mais fluida e fácil. Eu trabalho com todo o time disponível, sem exceção, porque cada um sabe um caminho. A empresa é muito, muito grande, só que cada um sabe exatamente quais são os caminhos, os atalhos diferentes. Se não entender o melhor das pessoas, você perde muito tempo para conseguir o mesmo objetivo, então é melhor usar aquelas que você considere que podem facilitar a sua vida. Às vezes as pessoas não gostam de pedir ajuda, e isso faz parte do ser humano. Tem gente que não se sente à vontade para dizer que não sabe, se sente envergonhada, constrangida. Só que não tem problema nenhum em não saber ou dizer que você não sabe. Não é demérito dizer que desconhece algo, ainda mais quando foge da sua alçada.

Contando com a ajuda e as informações dos especialistas de cada área, conseguimos montar uma estrutura de apoio fundamental. Um ponto importante nessa hora de integrar é entender o talento de cada um. Quando você coloca a mão na massa, essa percepção vem naturalmente. O Walter, por exemplo, tem uma qualidade muito boa, que é um relacionamento bem próximo dos clientes. Se a coisa está difícil, ele não se aperta. Além disso, se o negócio está pegando fogo, ele fala: "Calma". Já o lado da burocracia nunca foi com ele. Então, em vez de ficar batendo nesse negócio da burocracia, eu arrumei uma pessoa que pudesse fazer o backoffice e liberei ele para fazer aquilo em que fosse bom. Cada um tem a sua característica, cada um tem a sua forma de fazer. Então, é preciso entender qual é o ponto forte de cada um para poder ajudar.

Criamos um time que abraçou as regionais e trouxe negócios de volta juntando pessoas de dentro da empresa e colocando empenho e energia para resgatar as relações com os clientes. Isso deu uma injeção de ânimo na equipe, que começou a entender que era possível fazer. E passamos a atender os clientes novamente, mas cada um da sua maneira, expandir, sempre com aquele pensamento: *preciso botar o pé dentro e começar a construir a confiança*. Isso mudou tanto a pegada da equipe quanto tudo que eles imaginavam fazer em termos de solução. Aumentou a autoconfiança do time.

A partir disso, passei a dar autonomia e confiar nos vendedores, que ficavam na linha de frente. Basicamente encurtei a comunicação da região com a presidência. Em alguns casos, é o vendedor quem faz a linha direta com o vice-presidente executivo, porque ele é a pessoa que mais entende de um determinado cliente. Eu já aviso: "Eu disse para eles falarem direto com você".

Isso inclui fazer parte do time do cliente também. Tem que levar para cada um soluções criativas que ele não imagina que podem ajudá-lo a vender e melhorar o negócio dele. É um vício de empresas de tecnologia falar, principalmente, de produtos e pouco de negócios. Ninguém sabe falar de solução. Quem está na frente da equipe de vendas precisa ter um discurso de negócios. O cliente não quer saber de quantos bancos de dados precisa para vender gás, ele apenas quer vender gás. Ele não quer saber de quantas agências de banco, quantas máquinas, quantos servidores ele vai precisar ou como fará essa venda. Quando nós trazemos isso com criatividade, estudando o negócio, nós falamos a língua do cliente. O cara quer saber da solução e não do processo. O produto que nós vendemos é só o meio para que ele atinja o resultado desejado. Ao se sentar na nossa frente, ele quer saber: "Como esse cara vai me ajudar a resolver meu problema?". Então precisamos estar no time do cliente também, entendendo o que ele precisa e levando a solução adequada.

CAPÍTULO 8

COMBINADOS E AMIZADE: AS BASES DO COMPROMETIMENTO

Existe algo na área de vendas que não muda, independentemente do estilo de gestão que você adote: a cobrança por resultados. Entregar números faz parte do jogo, assim como entender por que eles não foram atingidos. No dia a dia da minha equipe, temos objetivos a cumprir semanalmente, apesar de as metas serem anuais. Existem também os objetivos por trimestre. Há uma expectativa de que o colaborador esteja sempre em evolução. Quem topa esse desafio sabe as regras do jogo e tem de estar preparado para esses momentos de entrega de resultados. Gosto de combinar o jogo com a minha equipe e definir como vamos jogá-lo desde o primeiro minuto até a prorrogação, se houver. A regra básica é performar em alta rotação na maior parte do tempo; fazer o que tem de ser feito sem deixar para depois. Quando as pessoas perdem tempo, a conta fica maior lá na frente. Então, o negócio é combinar e entregar todo dia, toda semana.

Na nossa área, por exemplo, as viagens são uma constante. É comum um executivo ter que fazer dois ou três voos ida e volta em uma mesma semana para visitar clientes. Como atendemos as regiões Norte e Nordeste, a coisa mais difícil é conseguir voos diretos, o que torna o processo ainda mais penoso e o dia a dia mais puxado. No entanto, visitar o cliente faz parte do jogo. Por mais que o contato digital tenha sido normalizado por causa das temporadas de home office, não tem nada como um olho no olho quando se trata de fechar uma negociação. Nesse ponto, não abro mão. Se não viajou, quero saber por quê e quero que se comprometa a viajar. Se tem uma coisa de que não abro mão é de que as pessoas cumpram com a palavra e façam o que tem de ser feito. E assim é com todos os combinados. O meu papel é monitorar o que está acontecendo todos os dias para que os ajustes sejam feitos conforme forem aparecendo.

Hoje a cultura mudou, tem agenda que se faz remotamente, mas é fundamental você estar presente, pois isso não substitui o contato pessoal. Esse contato é fundamental. Então, eu não deixo que a equipe atenda só remotamente, que é uma coisa mais fácil de fazer, ainda mais quando se tem de voar de São Paulo para Manaus. Costumo passar o recado usando o bom humor:

"Se você quiser, a gente vê com a Embraer, com a Infraero, se ela arruma um voo sozinho pra você, já que você está reclamando de horário".

"Vou pedir para o cliente ir te visitar, já que você não está indo ao cliente".

Eu brinco, nós damos risada, mas cada um faz o que tem de ser feito. Dessa forma, consigo ter um time que garanta uma presença física no cliente. Estar sempre presente foi uma novidade que fiz questão de implantar para os clientes da região Norte, pois dificilmente eles viam a cara de grandes fornecedores. Isso mudou os números, os resultados e estabeleceu um relacionamento forte. A vantagem é que, a partir do olho no olho, vem a questão da relação humana e da conexão com o cliente, que passa a se sentir confiante. E não basta chegar até ele, você deve estar preparado, com todas as informações na mão, redondas. Quando você quer fazer uma compra, precisa ter todas as informações passadas de maneira consistente. Um cliente quer se sentir bem atendido. É importante eleger uma pessoa-chave que seja a interface com um determinado cliente. Essa pessoa se prepara e já vai com soluções totalmente desenhadas e customizadas em detalhes, como onde o programa vai rodar, de qual treinamento vai precisar, como será a manutenção daquilo, qual o benefício que o cliente terá. É então que o vendedor vê como isso faz diferença, porque fecha contratos muito melhores e maiores, começa a tomar a iniciativa de promover encontros presenciais e eu não preciso cobrar tanto. Então, não é pela autoridade. É algo que vou construindo e mostrando como pode ser bom. O que procuro fazer é que os combinados sejam cumpridos, mas que isso não seja algo pesado nem soe como um capricho do chefe. Minha intenção é mostrar que, fazendo a coisa certa, todos ganham. Às vezes as pessoas precisam sair da zona de conforto para ver que podem mudar algo para melhor. É nessa hora que o líder tem que entrar.

Sempre existirá um momento de conversas difíceis. Liderar um time de vendas implica não ter problemas em fazer combinados e cobrar quando não são feitos. Nesse caso, gosto do papo reto. Fez ou não fez? Sim ou não? Não quero a desculpa ou a explicação. Quero o fato, porque assim a gente consegue mensurar a realidade. Às vezes as pessoas não gostam desse estilo, mas não se pode ignorar os fatos por uma questão de camaradagem. Já aconteceu, por exemplo, de me dizerem que tinham ligado para o cliente, mas eu sabia que não era verdade. Porque eu mesmo tinha falado com o cliente para checar a informação.

Então, buscar e exigir a verdade é algo que pode incomodar e gerar protestos, cara feia, reclamação. Mas, num segundo momento, aumenta a confiança e a necessidade de criar uma relação transparente. Isso porque a pessoa sabe que o que eu quero é a verdade e nada mais do que isso. Entra em jogo outro elemento, que é a leveza para contrabalancear. Acima de tudo, deve existir uma relação de amizade, então tem que saber a hora de afrouxar um pouco a tensão.

O EQUILÍBRIO ENTRE COBRAR E PEGAR LEVE

Nesses momentos de acertos de conta, tenho o desafio de mostrar para o time que não sou carrasco de ninguém e que não diferencio ninguém. Pelo contrário. Estamos todos no mesmo barco. Mas eu sei que cada pessoa da minha equipe usa sua energia de uma maneira, tem personalidade e responde à motivação e às cobranças de forma distintas. Cada um é um ser humano único. Então, ainda que todos tenham que entregar seus resultados, procuro fazer com que as conversas aconteçam individualmente, respeitando os laços de confiança que tenho com cada um. Eu sei que nem todo mundo consegue manter a energia em alta como eu. Cada pessoa tem um talento e um estilo, e não é na hora da conversa difícil que vou mudar essa visão e exigir um comportamento-padrão para todos. Então, em meio à pressão, eu procuro usar mecanismos de descompressão.

Justamente pela relação próxima que procuro estabelecer com quem trabalha comigo, me sinto mais seguro na hora em que tenho de esticar o elástico da cobrança. Procuro dosar quando vou falar duro e quando não. Sei que posso passar do limite algumas vezes, isso faz parte do jogo. Mas, por outro lado, como a relação vai além daquele momento, eu tenho recursos para amenizar o clima quando fica muito tenso. Do que eu nunca abro mão é de jogar aberto, dizendo o que esperava e o que não atendeu às expectativas. Nada que vai para um feedback é surpresa. Basicamente, a conversa gira em cima do que já foi acordado antes.

Para dar um feedback, primeiro é necessário ter liberdade e confiança. Você só consegue abrir o jogo quando tem certeza de que a pessoa confia em você e sabe que não existem segundas intenções ou uma perseguição por motivos pessoais, entre tantos outros vieses que podem tornar uma conversa que deveria ser de crescimento em outra cheia de ressentimentos.

Segundo, precisa estar aberto para receber o feedback e expor a sua verdade. Eu sei que nem tudo o que influencia no resultado está relacionado exclusivamente ao campo profissional. Muitas vezes, questões pessoais vêm à tona e atrapalham o desempenho, enchem a cabeça da pessoa de problemas e ela simplesmente não consegue estar inteira, com energia. No entanto, eu só vou saber dessa realidade se a pessoa confiar em mim e tiver certeza de que não será mal interpretada por isso. Procuro dar abertura para isso e também para me darem o feedback do feedback. O que seria isso? Cada um me passar a medida do quanto peguei pesado ou não. Como líder, você não deve ter problemas em ouvir o que sua equipe pensa das suas atitudes. Então eu pergunto: "Apertei demais ou foi tranquilo?", "Como é que foi para você ouvir isso?". Acho que esse é o ponto. Tem que ter essa reciprocidade de falar e de estar aberto para escutar. Também procuro deixar a formalidade de lado, porque a conversa não deixa de ser séria pelo fato de ser leve. Isso porque a relação já chegou a um ponto de cumplicidade e de confiança em que as pessoas envolvidas entendem que são importantes sem serem tratadas de forma ríspida. Essa é uma das conquistas de tratar um indivíduo como uma pessoa única.

Normalmente as pessoas acham que ser rígido, só olhar o profissional e não levar nada para o pessoal, conduz a maior produtividade e resultados. Mas vejo na prática que isso não procede. Pelo contrário. Quando falo em tratar pessoas individualmente, gosto de uma analogia com o exercício físico que o Renan uma vez citou. É importante entender a fisiologia de cada um, a capacidade de cada um, onde e como cada um pode se desenvolver melhor. Esse aqui é mais velocista, esse tem mais força... e por aí vai. Não é possível ter um padrão, esperar que todos da equipe respondam da mesma maneira.

É preciso levar em consideração se uma pessoa é mais introspectiva e tem dificuldade e insegurança, assim como se ela precisa ter um pouco mais de organização ou disciplina. Se é um ponto a melhorar, deve-se chegar junto e ajudar essa pessoa a melhorar esse aspecto. Isso resulta numa habilidade de extrair o melhor de cada um. O Renan explica como é a experiência dele nesse sentido:

> *Toda mudança, de alguma forma, vai gerar uma dor. A habilidade do Rafa está em fazer com que isso não se torne um trauma. Digamos que você vai para a academia, vai começar a treinar. Você vai ter dor, sentir o ácido lático e tal. Quando acontecem traumas? Quando você pega mais peso do que você pode. O ideal é apertar, mas com torquímetro, que é uma ferramenta que mede o torque para quando, por exemplo, ao apertar a roda de um carro, você não apertar demais para não espanar. Então, o grande lance é esse. E, quando o teu corpo se acostuma com aquele exercício, precisa dar uma desafiada, puxar um pouco mais de peso, fazer diferente de forma que vai de novo trazer algumas outras dores, mas dor é necessário para ter crescimento. É necessário dor para ter crescimento, mas não necessariamente trauma. Tem gestores que não têm essa habilidade e já te dão peso muito além do que aquilo que você pode*

suportar. É assim, existe a técnica do morde e assopra, que para alguns funciona. Mas o Hora não morde e assopra, ele só morde, mas não morde tanto a ponto de ter que assoprar. Então eu acho que aí está o segredo: não precisamos ir no morde e assopra, pode morder, porque quem assopra depois é porque mordeu demais. E aí fica numa situação de querer passar a mão na cabeça, e isso estressa. Mas, quando ele vai apertando e entende qual é o limite, está tudo bem. É aí que está a sabedoria. E sempre equilibrando pessoal e profissional. Ele cria oportunidades de conversa que nada têm a ver com trabalho. Vamos almoçar para falar da vida. E quando você fala "Cara, eu estou precisando conversar", ele abre mão de tudo que tem e vai arranjar um espaço para falar com você. Essa é uma forma de descompressão de que gosto, porque ela mostra que a relação não se limita ao profissional. E que é a pessoa que está acima de tudo.

Tem outro depoimento, desta vez do Tedesko, sobre isso:

Uma coisa que é muito forte, que eu aprendi muito, é que você pode cobrar o que quiser, do jeito que você quiser, e o Hora cobra pesado, mas você tem que estar ali para quando a merda acontecer. Esse maluco bate, mas quando a merda vier ele não vai falar assim: "Se vira, resolva você". Não é assim, ele é o cara que pula na bala junto contigo. Uma vez, surgiu um problema enorme: parou a terceira maior empresa do agronegócio. Viramos a noite, e no dia seguinte de manhã ele estava na empresa do cara para fazer a bola rolar de novo. E sob o ponto de vista pessoal também é assim. Às vezes eu estava mal e ele falava: "Fica aí em casa dois dias sossegado". Então, é o capitão do time. Se você der mole no campo, ele vai te dar esporro, vai apontar, mas é o cara que vai dar carinho, vai segurar. Você tem essa confiança. Então, o time dele corre duas vezes mais, porque sabe que, se precisar, ele vai correr duas vezes mais pelo time.

Cobre, mas seja leve e tenha sabedoria para aliviar a pressão, porque ninguém funciona no limite do estresse. É preciso saber a hora de virar a chave, sair para jantar, dar risada. Mudar o assunto. Isso funciona em casa, no relacionamento a dois, com os filhos e no trabalho também. Estamos sempre falando de pessoas e de relações que queremos que sejam duradouras e saudáveis. Então, é importante ter o radar ligado para se conectar com o outro e saber quando tirar o pé e quando acelerar. Conseguir ser mais leve até mesmo nos momentos mais complicados. Fazer uns *pit stops* meio malucos, mesmo com a coisa pegando fogo. Porque tem horas em que é preciso jogar uma água gelada no fogo para esfriar a cabeça de todos e retomar a energia. Nos momentos em que sinto essa necessidade, quando já estamos no limite de estresse para fechar um negócio, falo para a turma: "Vamos fazer o seguinte: vamos para um restaurante. Paramos de trabalhar agora, e amanhã a gente volta". A estratégia é ir na contramão daquele tipo de gestão que tenta extrair o máximo e mais do que o máximo. E quando não está extraindo mais força ou fica decepcionado ou desqualifica. Às vezes a equipe só precisa de uma pausa, de um sorriso, de um assunto aleatório para recarregar a energia.

Mais uma forma de levar leveza a momentos de extrema pressão é por meio da positividade. Eu sou um cara positivo no sentido de que vejo solução para tudo. Não sou de reclamar que a situação está ruim, que não estou gostando disso ou não estou gostando daquilo. O que não gosto eu simplesmente vou lá e mudo, faço diferente, converso e procuro resolver. Vai por mim: não gaste tempo com lamentações, nem influencie sua equipe a ter esse tipo de postura. Quanto menos tempo você gasta reclamando, mais tempo sobra para resolver e deixar as coisas numa situação mais harmônica mais rapidamente. Todo mundo pode reclamar, mas que seja de um problema sério, como uma questão de saúde grave. Isso é sério. O restante, dá-se um jeito, se resolve. Basta botar a cabeça no lugar e achar saídas, sem se desesperar. Quando o líder passa essa positividade, o time vem junto e entra na mesma sintonia.

Outra forma de descompressão é calibrar a intensidade da cobrança e da celebração. É muito comum ver lideranças jogarem muito pesado quando as coisas vão mal e não saberem vibrar quando os resultados vêm. Isso passa a mensagem "não fez mais que a obrigação!" Não, não é assim. Se precisamos muito de um resultado e ele vem, tem que fazer festa, tem que celebrar, reconhecer. Comemorar toda vitória. E, mesmo quando fechamos um período não tão satisfatório, longe da meta, também tem reunião do time. Para confraternizar e planejar os próximos desafios. Quando você coloca a rotina num clima mais leve, as chances de o time se recuperar e voltar com força total são maiores. Há todo um impacto positivo no psicológico e na sensação de união, de pertencer a algo que tem um significado maior e no qual todos se sentem importantes e queridos de fato. Isso é levar para o pessoal num ambiente profissional. Isso tem um ganho importante para cada um da equipe, como me disse o Walter: "Passei dois anos fiscais completos no time, e, no final, foi um aprendizado muito forte. Apesar do ritmo louco em que a gente vivia — tecnologia é fogo, e esse mercado tem um ritmo puxado, com muita cobrança —, a gente se divertia muito, era muito prazeroso. E de uma forma natural. A gente faz relacionamento, networking, claro que isso no trabalho normal. Você tem que ter uma boa relação, mas, quando isso acontece naturalmente e chega a virar uma amizade, porque a gente tinha prazer de estar junto, é muito bacana. A gente tinha uma divisão muito clara de agir no trabalho sem deixar de saber que havia ali uma amizade natural. Dessa forma, a relação fica muito mais forte. E segue. Não acaba porque acabou a relação de trabalho direta".

O termômetro para saber se as relações são exclusivamente profissionais é o longo prazo. O diferencial de ter um time sempre muito junto, muito unido, já é uma conquista e um ponto a favor para o sucesso da operação. Mas há um gosto mais especial ao ver que, mesmo quando cada profissional segue seu rumo em busca de novos desafios, a amizade fica. Vejo não apenas comigo, mas entre as pessoas do time, que as relações verdadeiras permanecem. Todo mundo se fala, se gosta. Não é somente aquela amizade de colega de trabalho. Vira amigo de vida mesmo.

CAPÍTULO 9

FAMÍLIA ACIMA DE TUDO

Fracassamos quando a xícara bonita é para a visita e a quebrada é para a nossa família. Valorize seu maior ministério.

Nicole e Charlie estão se separando. O divórcio acontece porque o casamento acabou, ainda que um goste de algumas coisas no outro. Eles deixaram a relação se perder. Esse é o enredo de um filme que me marcou, *História de um casamento*, protagonizado por Scarlett Johansson e Adam Driver. Mas é a história de muitos casamentos. Quantas vezes as pessoas se dedicam tanto ao trabalho e esquecem do outro, do seu companheiro de vida? Quantas vezes perdem a conexão por falta de tempo para estar junto? Ou por falta de cabeça, de equilíbrio emocional, perdidas em muita ansiedade, estresse, cobranças... Fico imaginando que a história sempre pode ser diferente. Imagino também como é difícil para profissionais que vivem a pressão por resultados, para manter o emprego, garantir o sustento e pagar as contas, bancar escola, realizar sonhos da família, financiar viagens… acabam se perdendo e desequilibrando os pratos para manter tudo em pé. De um lado o trabalho, de outro, a família.

Vejo que é responsabilidade das lideranças ajudar os profissionais a não deixarem a família e a vida a dois se desestruturarem. Porque, muitas vezes, a empresa é o lado mais forte, que dita as regras sobre o tempo que é preciso dedicar ao trabalho. É a empresa que determina quanta energia é considerada suficiente e que atitudes vai considerar corpo mole. Quando não há sensibilidade para olhar para os profissionais de uma forma mais completa, e visão para que haja equilíbrio, a vida pessoal pode sofrer danos irreparáveis. Não acredito que se obtém o melhor de um profissional se ele estiver emocionalmente abalado. Impossível ter os melhores resultados de uma pessoa que está com sérios problemas em casa.

Existem três bolas de cristal que são irreparáveis: a saúde, a família e os amigos. Se você deixar cair alguma dessas bolas, nunca mais consegue corrigir. Por isso, as pessoas precisam ter prioridades. Ou a coisa complica. Você vai ter o resultado uma vez, mas não vai ter o resultado contínuo. Você vai fazer um ano de sucesso, mas não vai ter uma carreira de sucesso. Porque um ano inteiro você vai lá, se dedica, se entrega totalmente ao trabalho. No segundo ano, faz igual. Só que você não consegue fazer isso todos os anos se a sua família está ficando dilacerada no meio do processo. E então fica a pergunta: fazer tudo para quê, para quem, se deixar as bolas de cristal caírem no meio do caminho?

Dos valores que cultivo, um dos principais é a família em primeiro lugar. Então, procuro fazer disso um mantra no dia a dia, não apenas para a minha vida, mas para a de quem trabalha comigo. Até porque, na verdade, não tem como separar o trabalho da família. Para a pessoa se dar bem lá na frente, ela tem que estar bem em alguns fatores. Em primeiro lugar, precisa estar bem de saúde. A integridade física é essencial. Outro ponto: se a pessoa não estiver feliz na vida pessoal, não vai conseguir performar, isso é fato. Todas as vezes que notei que qualquer pessoa do time não estava performando, havia um motivo por trás. Esse motivo era invariavelmente de cunho pessoal. Nesses momentos, não adianta o chefe ficar pressionando, exigindo desempenho a qualquer custo. Tem que solucionar o problema causador daquela baixa de rendimento.

Isso pode parecer claro, numa perspectiva de quem avalia a questão de fora, mas muitas vezes é difícil colocar em prática. Por isso ressalto esse ponto. No dia a dia, é fácil passar por cima dessa questão. O lógico também precisa ser dito se ninguém consegue ver. As demandas do cotidiano tomam tanto as pessoas que elas não conseguem entender isso, não conseguem parar para pensar. A dinâmica original está errada, é a vida no piloto automático. Nesse modo, chefes cobram e não olham o que está acontecendo de verdade na vida de cada um. Não atentam aos detalhes. Vou dar um exemplo bem simplista. Certo dia, fui almoçar com a minha equipe num restaurante que fica em uma rua em que todo mundo passa, mas ninguém sabia que tinha um restaurante lá. É um negócio assim: todo mundo passa por ali e ninguém sabe. Ninguém presta atenção, o dia a dia te corrompe para olhar sempre para as mesmas coisas. Ninguém é detalhista, ninguém olha, e o sucesso é feito de detalhes. Ninguém presta atenção no que as pessoas falam. Vai a uma reunião e não presta atenção, não lê as entrelinhas, porque não está totalmente presente. Muitas vezes está mais focado no tema do grupo do WhatsApp do que no tema da reunião. O que dirá do foco no que as pessoas dizem sem dizer? As pessoas falam nos detalhes. Elas falam tudo ali.

A grande ação de um líder com sua equipe é a proximidade. Querer saber, conversar fora do trabalho. "Não, não, eu não liguei para falar sobre o seu número, a sua meta; eu liguei para saber como você está, saber como está teu filho, saber como está tua família." Essas conversas são muito valiosas, porque estreitam laços e explicam por que algumas coisas não estão andando. Quando você se dá conta de que esse cuidado importa, o número no final do período é consequência. Isso porque, ao ajudar a pessoa que é responsável por fazer o número voltar a ficar bem, na melhor energia dela, ela terá toda a iniciativa, disposição, criatividade e talento para fazer o melhor resultado.

A Monica conta que era dessa forma que ela "ligava na tomada" quando a energia dela estava abalada no meio da pandemia. Vivenciando um dia a dia de trabalho em home office, ela viveu o drama de muitas mães e pais que tiveram que lidar com as demandas dos filhos acontecendo ao mesmo tempo, agora com as responsabilidades de trabalho. Não foi fácil para ninguém. Era natural que a energia baixasse. Então, eu ligava para saber como ela estava, como a filha dela estava, e nem tocava em tema de trabalho. Nesse momento, eu queria identificar se ela estava bem ou mal, quais eram suas prioridades, onde estava seu foco. Esse espaço de diálogo é importante. Nas palavras da Monica: "É a gente se sentir confortável para dizer 'Poxa, Rafa, eu estou cansada, eu acho que estou entrando em *burnout*, acho que eu estou trabalhando demais, essa pandemia vai me enlouquecer e eu não estou dando conta'. Minha filha Hana está o tempo todo aqui. Eu não esqueço de uma frase que ele disse no ápice da pandemia: 'Não é a Hana que está invadindo a empresa; é a empresa que está invadindo o espaço da Hana. Então, se você tiver que parar para dar comida para sua filha, vai'. Ele entendia que naquele momento minha família era importante para mim. Entendia a minha situação específica. Como mãe e profissional. Pode ser que, para pessoas que não têm filhos, a coisa seja completamente diferente. Até mesmo para quem tem filho e outra dinâmica em casa, porque tem uma boa rede de apoio ou porque não é tão mãe leoa e é mais workaholic."

O mais importante para a Monica era saber que ela estava sendo vista na sua particularidade, e não sob uma ótica de que todos têm de reagir da mesma forma, lidar com os problemas de um jeito padrão. Vejo que é o diálogo e o interesse pelo outro que propiciam esse olhar um a um. Apesar de todo o corre-corre que a gente vive, da loucura do dia a dia, sempre pode haver um interesse genuíno, uma preocupação genuína com as pessoas. E, se não for simplesmente pelas pessoas, há um argumento que convence os mais pragmáticos, que é ter esse olhar com foco no resultado. Afinal, se a cabeça das pessoas está bem, elas vão performar. Se não está, elas não vão.

Não foi só na pandemia, um momento crítico e atípico, em que esse olhar foi necessário. O tempo todo há situações que demandam um cuidado maior com a esfera familiar. Teve o caso do Renan, que, no meio do fechamento de um negócio grande, estava com a esposa doente em casa. Falei para ele ir embora que eu resolvia sozinho. O negócio pode ser feito hoje ou amanhã; já uma família, a mulher, um filho, é prioridade sempre. No caso do Renan, essa postura que eu tive fez com que ele mudasse até a visão que tinha da empresa. Ele passou a ver que a organização o valorizava como pessoa, e não apenas pelo dinheiro que poderia trazer para companhia.

Mais um exemplo foi de quando o Luiz passou por um momento difícil: depois de um casamento de 25 anos, ele estava se divorciando. Em paralelo a essa questão complicada em casa, ele estava tendo dificuldades para encontrar algumas saídas para resolver um impasse com um dos nossos grandes clientes. Claramente, por conta do acúmulo de pensamentos e preocupações. Eu via que ele não estava em sua melhor performance. Então criei uma oportunidade para que ele pudesse falar sobre sua situação. Dessa forma, eu pude ajudar de maneira mais prática e objetiva. Em primeiro lugar, não fiquei preocupado com o negócio. Em vez disso, procurei fazer com que ele se acalmasse, dizendo: "O negócio vai ser um resultado, uma consequência de quem você é como pessoa e de quão focado você está. Tira uma semana, vai resolver suas questões.

Deixa aqui comigo que eu cuido do resto e depois a gente vai resolver isso". E a gente conseguiu resolver. Para completar, ele voltou com tudo, com a cabeça organizada, com a não obrigação de ter que dar uma resposta rápida. Como ele conta: "Eu me senti livre e consegui enxergar possíveis soluções. A gente conseguiu atingir os resultados por conta disso. Isso me impactou abaixando o meu nível de ansiedade. Eu tinha dez problemas para resolver e fiquei só com dois, os pessoais. Resolvi os dois e voltei com muito mais força para resolver os outros oito do trabalho. Em duas semanas, a gente conseguiu dar conta de tudo".

Pode ser que alguns líderes tenham receio de colocar essa postura em prática para não perder autoridade ou dar margem a corpo mole. Isso você identifica logo de cara. Se tem alguém no time que vai abusar da sua postura, ficará claro, e será até bom para você saber quem é quem. No geral, as pessoas são comprometidas e querem performar. Só precisam ser vistas como seres humanos que têm vida fora da empresa — e essa vida impacta, sim, o dia a dia delas. Algumas vezes, mais do que elas gostariam. Nesse caso, ter um tempo para arrumar a casa, literalmente, faz toda a diferença. Afinal, quando alguém chega no limite do estresse, não há neurônios que deem conta, essa pessoa não consegue mais pensar, não dá conta de cobranças.

A parada estratégica é fundamental no curto e no longo prazo, uma vez que fica o aprendizado de que há espaço para respirar.

Nada é tão importante que não possa ser adiado por uma causa maior. Essa é a mensagem de um livro que já recomendei para algumas pessoas que trabalham comigo. Ele se chama *Seis meses de vida*, de Tom Coelho, e conta a história de um homem em estado terminal e do que ele faz em seus últimos seis meses de vida. O livro não fala absolutamente nada de negócios. Fala sobre valorizar a vida, valorizar a família. É para isso que precisamos olhar: para o que importa. Isso é ter sabedoria.

Um exemplo é meu pai, o seu Siva. Tudo o que ele tem ele construiu sozinho. Até que um dia se deu por satisfeito e disse: "Parei. A partir de hoje eu não vou mais trabalhar". Com 50 anos ele deixou o posto de presidente da própria empresa e parou de trabalhar, porque ele tem muita clareza de valores. Ele diz: "Eu não preciso mais do que já tenho. Eu vou cuidar das outras coisas". Foi se dedicar a um centro espírita, à maçonaria, ajudar na ONG da Rosas de Ouro e trabalhar para ajudar as pessoas. Afinal, a vida é sobre pessoas. Os negócios são sobre pessoas. Nós não vendemos para a empresa, nós vendemos para pessoas. Pessoas têm problemas, são seres humanos que têm sentimento, que têm uma história, uma trajetória, uma família, seja da forma que for. Então, quando entendemos que nós somos o resultado desse equilíbrio e de tudo o mais, isso nos ajuda a nos conectar e leva a escolhas mais conscientes do que cada um precisa. É um caminho natural.

CAPÍTULO 10

SEJA UM DESENVOLVEDOR SERIAL DE TALENTOS

Alguns de vocês estão dormindo com habilidades e talentos que podem torná-los milionários. Acordem.

A Isabel é uma moça que teve uma trajetória extremamente difícil. Passou a infância brincando na beira de um córrego em Taboão da Serra, uma cidade perto da capital paulista. Estudou em escola pública e não tinha condições de fazer aulas de inglês. Então, foi autodidata e aprendeu a língua com gibis e cartilhas que a mãe pegava na rua. Tudo o que conquistou foi muito batalhado. Com seus 20 anos, ela tem um cargo que talvez fosse impensável para muitos jovens da mesma origem. Como profissional de multinacional de tecnologia, já foi inclusive para reuniões fora do país. Isabel não é uma coitada. Ela é uma menina incrível e uma prova de que as pessoas guardam dentro de si um potencial enorme. Elas só precisam de motivação e oportunidades. Levando isso como verdade para a vida, vejo que o melhor papel do gestor é estar a serviço de sua equipe e fazer isso ajudando cada um a se desenvolver. Se as pessoas evoluem ao trabalhar com você, só há benefícios:

- os resultados são alcançados mais facilmente;
- as pessoas têm maior autonomia para agir e tomar decisões;
- você desenvolve sucessores naturalmente, e sua carreira também deslancha;
- uma rede de talentos bem trabalhados pensa melhor e trabalha melhor;
- não há nada melhor do que ver um ser humano performando na vida em sua melhor forma.

Por essas razões, o desenvolvimento de pessoas é a prática mais constante no meu dia a dia. Liderar uma equipe não é se colocar num pedestal, mas sim ter a oportunidade de criar relações e fazer com que elas prosperem para o bem de todos. Todos podem sair felizes dos desafios e não destroçados por competição, pressão e vaidade. Posso dizer que o modo como escolhi trabalhar virou até uma marca registrada. Quem é ou já foi da minha equipe sabe que não vai passar pela minha gestão sem ser provocado a crescer e se desenvolver. Procuro fazer isso sempre na base de muita conversa e troca, que, como você já percebeu, são uma constante no dia a dia com a equipe. E vou calibrando esse desenvolvimento de acordo com o que a pessoa mais precisa no momento. Pode ser algo que ela me pede para que a ajude, como um direcionamento para trilhar uma promoção ou uma orientação para ser mais assertiva e respeitada em reuniões. Pode ser algo que eu percebo que ela precisa desenvolver. Nesse caso, chego com uma proposta, um pedido ou um desafio. Quando o maior foco está no desenvolvimento das pessoas, a relação entre chefe e equipe fica mais autêntica, verdadeira. Em outras palavras, as pessoas se sentem mais à vontade para dizer "o que está pegando", e dessa forma posso ajudá-las de uma maneira mais acertada e cirúrgica.

TREINE PESSOAS PARA PENSAR ALÉM DO ÓBVIO

Liderar uma equipe de vendas não é só cobrar e querer saber: "E aí, quanto vendeu?", "Para quando é esse contrato?". A meu ver, essas perguntas nem precisam ser feitas quando você, como gestor, está dentro da operação. Se você acompanha de perto cada cliente, já sabe o que está acontecendo, pois está dentro do negócio. Então, a energia tem que ser gasta para entender o que não está tão evidente, que é o que a pessoa que trabalha com você está vivendo e do que ela precisa. Essa escuta permite ajustar os ponteiros para ter uma relação de confiança e aliviar a pressão. A partir desse estado vem a verdade, e aí eu consigo ajudar. Um exemplo? Certa vez, a Monica não estava conseguindo deslanchar um negócio, e eu fui tentar entender o que estava acontecendo. Como ela sabe que comigo o jogo é aberto, que não precisa ficar fazendo pose de sabe-tudo, ela se abriu comigo. "Rafa, eu não estou pensando em nada, eu preciso de ajuda para entender os possíveis cenários". É comum no mundo corporativo as pessoas acharem feio e até queima-filme alguém dizer "eu não sei, eu não consigo". Vem logo aquele julgamento: "Como assim, você tem 20 anos de experiência e não sabe o que fazer?".

Quando as pessoas se sentem livres para deixar a máscara cair, o crescimento vem. Abre-se espaço para o diálogo e para a troca de ideias. Pergunto como posso ajudar, dou sugestões, ajudo a pensar fora da caixa, buscar alternativas. Dessa forma, um momento que parecia de estagnação vira uma oportunidade de desenvolvimento a partir do instante em que a pessoa abre a cabeça para novas ideias, novas soluções. A Monica conta como isso se refletiu no desempenho dela: "Isso somou na minha criatividade, no meu molejo. Eu ganhei uma malandragem que eu não tinha — não no sentido pejorativo, mas de pensar diferente: as pessoas normais não fariam assim, sempre respeitando as regras, compliance etc., chegando a uma solução que ninguém pensou".

Abrir a cabeça para novas soluções é algo que pode ser treinado. Como diz Carol Dweck em seu livro best-seller *Mindset: A nova psicologia do sucesso*, precisamos ter uma mentalidade de crescimento para romper limites e chegar a lugares mais altos. Então, não há demérito nenhum em assumir que não sabe. Esse é, na verdade, o primeiro passo para se abrir a novas soluções. E essas soluções não vêm do nada, elas são uma combinação de criatividade com informação e conhecimento, que é algo que insisto com minha equipe: que eles se aprofundem nas regras, nas informações. Tem que ler tudo, as letras miúdas do contrato, é preciso saber de verdade o que pode ou não pode ser feito. Não dá para ficar no piloto automático, fazendo sempre igual, sem saber de todas as possibilidades.

Numa grande empresa existem algumas normas predefinidas, aquelas que todo mundo adota, que todos fazem igual. Mas existem normas que nunca ninguém disse que não pode. Ou seja, elas não são proibidas, mas ficam fora do radar porque as pessoas se acostumaram a fazer de uma maneira. Abrir a cabeça e ser criativo é ousar e experimentar novas soluções. Então, quando vejo que um executivo está estagnado, faço provocações:

— Você já tentou pedir mais?

— Ah, Rafa, mas não dá!

— Onde está escrito que não dá? Se não fere nenhuma regra, vamos pedir.

Quando vejo que a pessoa se convence, sai da zona de conforto e consegue algo que ela nem imaginava, tenho a certeza de que plantei a sementinha da mentalidade de crescimento e da busca por soluções. Mexe um pouco, olha para o lado... e novas oportunidades se abrem.

Outra forma de incentivar as pessoas a pensar diferente é não ser óbvio. A ponto de elas saberem que nunca podem esperar que você, como chefe, repita sempre o mesmo script. Ao marcar uma reunião, vale pensar numa pauta que trate dos temas importantes para o momento, mas usando uma nova abordagem. O próprio elemento surpresa da conversa já terá o efeito de fazer as pessoas fazerem novas conexões, e o exemplo que você dá, inovando na forma de liderar, também. Meu time já se acostumou com essa falta de rotina. Já sabe que um encontro não vai ser igual aos outros que tiveram durante o ano. Mas não existe uma fórmula secreta para isso, nem um modelo. Se tivesse, todo mundo teria o segredo. O negócio é ir ajustando no decorrer do ano. Às vezes, eu mesmo preparo alguma coisa que vou falar e, conforme vou conversando com as pessoas, mudo tudo. Conforme as coisas vão acontecendo e vou vendo o que o time está precisando, vou encaixando. Muda a organização, mudam as pessoas que chamo para agregar ou dar um depoimento sobre sua experiência de vida, muda a estrutura de reunião — apresentação, roda de bate-papo... Em vez de falar das metas futuras ou dos desafios do presente, às vezes escolho falar do que a gente já conseguiu, porque estou sentindo que as pessoas precisam elevar sua autoestima ao relembrar do que elas são capazes. Dessa forma, saem do modo autocobrança, que pode ser limitador e improdutivo, pois gera pressão e estresse, e entram no modo empoderamento, que costuma arejar as ideias.

Isso se trata de trabalhar continuamente com foco no hoje. Usando essa estratégia da imprevisibilidade, vejo que é possível chegar aos resultados de uma forma saudável para todo mundo e, ao mesmo tempo, de uma maneira disruptiva, sempre estimulando quem trabalha comigo a buscar novas linhas de pensamento. Já pedi feedback para saber o que eles acham dessas reuniões que são imprevisíveis, pois quero saber como elas impactam. O que ouvi é que o efeito surpresa dá a sensação de que estamos na vanguarda. Que estamos à frente e não parados no tempo. Para ter resultados diferentes, faça coisas diferentes. Como já dizia o físico Albert Einstein: "Loucura é querer resultados diferentes fazendo tudo exatamente igual!". Outro benefício é se tornarem profissionais melhores, que olham para diversas perspectivas dentro de um negócio.

TREINE PESSOAS PARA TEREM AUTOCONFIANÇA

Metas altas podem assustar até o mais experiente vendedor. Muitas vezes, ao apresentar as expectativas da empresa para o time, cruzei com muitos olhares de descrença. Quando você procura entender mais a fundo a questão, descobre por que a pessoa acha que não vai conseguir atingir aquele resultado. Pode parecer, num primeiro momento, uma questão de falta de autoconfiança, mas já vi muitas vezes a razão principal ser não conseguir enxergar formas de fazer os negócios saírem. Essa questão é algo mais relacionado a encontrar soluções criativas do que propriamente à necessidade de um impulso motivacional. Quando consigo identificar o problema, fica mais fácil ajudar a pessoa a traçar um plano para que ela consiga ficar mais autoconfiante. Um plano baseado em ações reais e alternativas reais, mostrando quais estratégias e propostas são possíveis para cada cliente. Isso ajuda a extrair os resultados e impacta na postura do vendedor, que aprende a se posicionar melhor, o que é muito positivo. A Monica é uma das pessoas que me contam que se beneficiou disso. Atuando em um mercado amplamente dominado por homens, ela me contou que isso aumentou sua força. No passado, quando havia uma discussão, ela nem sempre tinha coragem de colocar seu ponto de vista ou até mesmo confrontar. Nós fomos trabalhando isso. Eu incentivava dizendo: "Você pode trombar e pode deixar que eu seguro". Meu objetivo era que ela ficasse na linha de frente, que, em vez de me procurarem para resolver um negócio, fossem falar diretamente com ela. Conforme vi que ela estava tendo mais segurança, fui deixando nas mãos dela. Se um cliente ou pares de outras áreas vinham tratar de algo comigo, eu já dizia: "Quem decide isso é a Monica". É difícil mudar as pessoas e a forma como elas trabalham, então, para alguns, eu tinha que insistir na orientação de falarem diretamente com ela e não comigo.

O que eu vejo que é essencial nesse treinamento de autonomia é fazer esse equilíbrio entre colocar a pessoa na linha de frente e, ao mesmo tempo, agir na retaguarda. Isso gera confiança. Delegar não é largar a pessoa sozinha. É permitir que ela atue, faça e vá se apoderando daquele papel, mas sabendo que tem a quem recorrer. Vai chegar uma hora em que ela seguirá com as próprias pernas. A Monica conta como foi essa evolução para ela: "Antes eu passava horas do dia resolvendo pepino que não era meu, como tarefas de backoffice, e não enxergava isso. Eu era uma mãe profissional de todos, cuidando de todo mundo e fazendo o trabalho dos outros. Não sobrava tempo para o que eu tinha de fazer de fato, além de me sobrecarregar a ponto de não ter qualidade de vida, sem tempo de cuidar da minha família, de fazer exercícios. O dia todo resolvendo a tarefa alheia. Eu aprendi a delegar, coisa que não conseguia fazer, e a soltar tarefas que não eram da minha alçada, pedindo para a área responsável fazer. Aprendi a ver qual área tinha que me ajudar. Isso foi muito bacana porque eu me desafoguei muito. Hoje já faço com maior naturalidade, numa postura: 'estou aqui se precisar, mas esse é o seu *job description*, não o meu'. Uma mão lava a outra, e as duas se enxugam. Aprendi a ver que tenho o mesmo direito que todo mundo". O meu papel foi abrir os olhos da Monica e mostrar que ela tinha que se impor para ser tratada da mesma forma que os outros, que não precisava carregar toda essa história de ser formiguinha, trabalhar, trabalhar... se escondendo embaixo de tarefas que ninguém vê, mas que nos sobrecarregam e não dão espaço para nos dedicarmos ao nosso papel principal, que é fazer negócios. Depois que ela se deu conta disso, passou a se destacar e recebeu um prêmio de performance.

Existe mais de uma maneira de dar autonomia. Com o Renan, a história foi diferente. Mesmo com pouco tempo de empresa eu o coloquei no front para resolver os processos complexos diretamente com a diretoria e a presidência da empresa. Eu sabia que ele estava preparado e precisava dessa oportunidade para se destacar e aumentar a autoconfiança, como ele mesmo conta: "Você imagina um novo contratado já tendo relacionamento com todos os diretores de maior escalão dentro da empresa? Isso me trouxe uma visibilidade absurda! Nos primeiros momentos, eu transpirava nervoso e dizia para o Rafael que não estava preparado. E ele falava: 'Está preparado, sim. Eu não te colocaria se não estivesse'. Cheguei a pedir que ele ficasse do meu lado na primeira apresentação para o presidente. Não deu nem dez minutos, ele falou 'Vou buscar uma água', e não voltou mais. Só eu e o presidente da empresa multinacional, e ele me deixou ali. Mais tarde ele voltou e falou: 'Tenho certeza de que deu certo'. E tinha dado mesmo. Essa autonomia, essa confiança que ele depositou em mim me deu confiança para prosseguir. Eu vi que dá para ser criativo. Dá mais trabalho, mas dá para você ser criativo. E, quando a recompensa vem, ela vem duplicada, vem do reconhecimento do cliente e da empresa. A autonomia é um caminho, às vezes, um pouco mais árduo, mas é o caminho de reconhecimento perene. Não adianta você fazer um negócio e ser esquecido. Hoje todos os clientes que eu tive me reconhecem, mesmo aqueles que não atendo mais".

TREINE PESSOAS PARA ADQUIRIREM CONHECIMENTO

Um bom vendedor precisa conhecer bem seu produto para vender. Isso é fato. Um dos desafios de vender tecnologia é que os produtos podem ser um tanto complexos, com soluções de softwares. Imagine: se nem o vendedor sabe do que se trata, nem o cliente saberá. Afinal, ele está focado no negócio e quer que a tecnologia simplesmente facilite a sua vida. Se não souber para que serve, não vai comprar. E, como nesse mercado tem inovação o tempo todo, tem que estudar muito. A cabeça precisa ficar antenada em tudo e absorvendo as informações. Como sei que é assim que funciona, aprendi a viver ligado no 220, como dizem, no modo turbo. E não basta mergulhar no conteúdo técnico dos produtos da empresa, tem que saber adaptá-los e aplicá-los ao mundo real. Porque o cliente não quer saber como funciona, ele quer saber para que serve. Por isso fui aprendendo a ser uma esponja de informações. E sei que isso é um diferencial muito grande. Estudo tudo o que considero relevante para a minha formação. Por isso, uma das coisas que sempre coloquei como desafio para todos da minha equipe é fazer, todo ano, ao menos um treinamento que não tenha nenhuma ligação com a empresa, treinamento pessoal que possa agregar conhecimento a cada um. A meu ver isso é tão importante que sempre esteve como objetivo para cada um do time em todo início de ano fiscal. A escolha desse conteúdo deveria ser baseada em três grandes pilares: familiar, pessoal e do cliente. Valia qualquer tema que pudesse levar a desenvolver e melhorar a qualidade desses pilares. Isso valia para todo mundo, inclusive para mim.

Além disso, adotei uma prática para garantir que o time estivesse sempre atualizado e por dentro dos assuntos. Se alguém me diz que está precisando de ajuda para entender um produto novo, por exemplo, já peço para estudar e apresentar para o time todo na próxima reunião. Foi o caso do Renan, que certo dia veio me dizer que não entendia bem de cloud. Então perguntei para ele: "No que você tem de dificuldade?". E ele me contou que não sabia sobre o produto, do qual ele só achava informações em inglês, e ele não tinha um inglês técnico tão bom. Não tive dúvidas e respondi: "Hoje é quinta. Vamos fazer o seguinte: você aprende sobre o produto no fim de semana e apresenta para o time na segunda-feira. Você vai conciliar o seu tempo, vai estudar e apresentar para o time. Serão vinte pessoas na reunião, mas eu te ajudo se você precisar". O Renan conta como foi: "Não tinha como dizer *não*. Então, me preparei no fim de semana. Treinei o inglês, estudei, liguei para um gringo pela primeira vez, porque não tinha material aqui no Brasil, cheguei na empresa na segunda-feira e apresentei. Na apresentação, errei 50%, acertei 50%. O que eu errei, o Rafa não me corrigiu na frente de todo mundo, apenas alertou, fazendo um complemento, dizendo como era a forma que ele sabia que funcionava. E, se ele não soubesse, assumiria e daria um jeito de achar alguém para esclarecer. Essa humildade de aprender com a gente e ensinar na mesma sintonia ajuda muito no desenvolvimento. Hoje, esse é um dos produtos de que eu tenho maior domínio dentro da empresa, e olha que eu não sabia nada sobre ele!".

Isso de pedir para estudar e apresentar virou uma constante. Toda semana alguém apresenta um conteúdo novo, e essa é uma maneira de todo mundo aprender. E quem estudou para apresentar inevitavelmente vai passar a dominar aquilo que até então não sabia. Nada como ter que estudar algo e treinar uma apresentação para as pessoas para fixar conhecimento. Esse conhecimento acumulado vira, mais tarde, ferramenta de trabalho no momento das vendas, porque abre a cabeça para buscar oportunidades dentro do mesmo cliente, maneiras diferentes de despertar o interesse dele. Vou dar um exemplo. Eu estava visitando um cliente que vende botijões de gás e sugeri para ele: "E se eu ajudasse você a entregar botijões de gás de maneira mais rápida, através de um aplicativo e não apenas na cidade de São Paulo, mas no Brasil todo? Isso para você seria muito melhor?". Pronto, a perspectiva de negócio e ampliação nas vendas despertou o interesse do cliente que já quis saber como seria isso. Apresentei a ideia, que incluía fazer uma campanha via TikTok com um público bem específico. O objetivo era atingir um público para o qual o cliente nunca vendeu, algo totalmente diferente. Uma solução criativa que só foi possível dar estudando, juntando possibilidades. Então, o vendedor não é somente o cara que fecha o negócio, ele já vem com um plano, com uma ideia formada para resolver o problema. É isso que abre portas, e por isso faço questão de que o time estude sempre e esteja cada vez mais preparado.

A frase: "Não sabe? Vai apresentar na próxima reunião" já virou um clichê tão grande na equipe que tem gente que nem perde mais tempo me dizendo que precisa de ajuda para entender algo. O Renan, por exemplo, já vem com uma abordagem diferente: "Rafa, descobri uma coisa nova. Quer que eu aprenda e apresente para a turma?". Já vai com o pacote pronto.

CAPÍTULO 11

ACREDITAR NO PODER DAS PESSOAS

"As pessoas que são loucas o suficiente para pensarem que podem mudar o mundo são as que na verdade mudam."

Steve Jobs

Steve Jobs revolucionou algumas indústrias ao longo de sua vida: hoje há smartphones que fazem fotos tão boas quanto câmeras profissionais; som — ele acabou com CD e DVD; e vídeos — ele revolucionou o mercado dos streamings; comunicação — o Facetime é de sua criação; animação — é o fundador da Pixar. Seu único defeito era ser um cara perfeccionista. Tanto que, na casa dele, havia uma época em que não tinha móveis, pois ele não gostava de nada. Só tinha um abajur que foi desenhado por Leonardo da Vinci.

Elon Musk já poderia ter parado se fosse pelo dinheiro, mas ele chegou a juntar todo o dinheiro que ganhou, nada menos do que US$ 180 milhões, para investir no PayPal. Como a quantia não era suficiente, ainda pediu empréstimo! Muitas vezes, vemos pessoas que agem de uma maneira muito fora da curva e não conseguimos entender na hora o que elas estão fazendo, só depois. Musk é um exemplo de pessoa que olha para o futuro, que toma atitudes pensando nos impactos positivos e em grande escala para o mundo. Ele está questionando as regras estabelecidas.

Mandela perdoou e teve o poder de resiliência e o de revolucionar. Foi preso, liberto, nunca perdeu a linha, nunca se perdeu do propósito. Se tornou presidente do seu país, recebeu o prêmio Nobel da Paz e é considerado o mais importante líder da África negra. Ele uniu dois extremos. Num mundo que está tão polarizado, esse cara é um exemplo do que pode ser feito por um ser humano.

Luiz Gonzaga saiu de um lugar muito extremo, o Nordeste brasileiro, e virou um sucesso. É muito comum as pessoas olharem muito para os valores de fora do nosso país e pouco para o que temos no nosso Brasil. Luiz Gonzaga era maçom e muito ativo. Foi uma pessoa bastante inteligente, generosa, solidária, que fez muito pela região em que ele estava, no interior do Pernambuco. Trabalhou no que acreditava e fazia de melhor, o forró do triângulo. Criou a música dele, compôs "Asa Branca". Quantas asas brancas existiram?

O papa Francisco é um papa diferente. Veio para revolucionar, ousou romper com o conservadorismo da Igreja e trazer uma nova visão do amor e de

Deus. Ele é um papa que reconhece o homossexual, que fala a nova língua, que mostra que o mundo precisa mudar e busca entender a realidade. A Igreja ficou parada no tempo, e Francisco é um papa que está mudando isso.

Ronaldo Fenômeno é o exemplo da volta por cima. Esse cara é um caso a ser estudado. Já caiu, voltou, determinado, deu a volta por cima, quando ninguém esperava que ele conseguisse, ele foi lá e deu outra volta por cima, e tudo que se propõe a fazer ele se torna o número um. Bom nos negócios, é também um cara que pratica ações sociais.

A maioria das pessoas, talvez por escolhas de vida, por não se darem conta de sua capacidade ou até por falta de oportunidade, não terão uma atuação de destaque como esses exemplos. Mas a minha intenção ao citá-los é mostrar como um ser humano é capaz de dar o pontapé inicial para a criação de grandes coisas e revoluções. Então, não subestime o valor de uma pessoa e do que ela é capaz. Todos nós podemos ser protagonistas de feitos surpreendentes se estivermos no lugar certo, se tivermos propósito, foco, valores e se levarmos as pessoas conosco. Portanto, um gestor não pode perder a oportunidade de cuidar dos recursos humanos que estão a seu lado. Quando a relação com as pessoas que trabalham com você tem valores, confiança e amizade, os resultados chegam não só em números e produtividade, mas em ativos intangíveis que fortalecem o time, tornam o dia a dia mais prazeroso e são solo fértil para novas ideias e crescimento. Em cada pessoa existe um enorme poder de transformação que pode ser canalizado para o bem se ela se sentir motivada a isso. E como uma pessoa se motiva? Quando ela vê que é importante no contexto, que é respeitada e valorizada.

Uma forma de começar a fazer isso é entender aonde cada um quer chegar e quais seus objetivos profissionais, traçando assim um plano para cada pessoa do seu time. É fazer junto, apoiar, orientar e preparar o profissional para aquilo. Dizer, por meio de ações concretas, que você quer ver o crescimento e a realização de uma pessoa é a melhor maneira de trazê-la para perto e extrair o melhor dela. Num mundo tão cheio de individualismo, quem olha para o outro faz um bem enorme e cria esperança. O Luiz, por exemplo, me contou que tinha o propósito de chegar a um cargo de diretoria, de poder assumir um time. Habilidade com pessoas ele já tem e competência de líder também, mas eu o ajudei a desenvolver ainda mais isso em paralelo com o nosso trabalho. Indiquei algumas ferramentas, tanto da empresa como externas, para que ele pudesse melhorar e o expus a algumas situações em que ele poderia adquirir esse crescimento. Aqui estão algumas palavras do Luiz sobre como tem sido esse trabalho em conjunto: "Eu me vejo, num futuro breve, assumindo também um time, não sei quando. Não estou preocupado com isso, porque eu acho que ainda tenho um espaço para crescimento aqui junto com o Rafa. Mas eu me vejo hoje muito mais preparado como pessoa, como profissional e com mais conhecimento técnico. Estou muito mais apto hoje para poder argumentar, para poder ter ferramentas e para poder fazer uma gestão eficiente".

Ser uma pessoa bem-sucedida é bom, mas saber que você faz parte do sucesso de outras pessoas tem um gosto mais especial. Além disso, quando você passa a ser reconhecido pelas pessoas da empresa que ajuda todo mundo a crescer, não vai faltar gente boa e talentosa querendo trabalhar com você. Uma das coisas que criei foi um plano de carreira não oficial em que todos que vinham trabalhar comigo sabiam que não ficariam estagnados. Criei um plano de crescer como vendedor, ir ganhando maior autonomia e depois aprendendo a ser gestor. Como o assédio a profissionais da área de tecnologia é grande, eu ia promovendo todo mundo. Claro que perdi gente no meio do caminho, mas sempre fui ganhando novas pessoas, porque virei uma máquina de formar profissionais.

Se você tem um time, você tem a oportunidade de realizar grandes coisas, porque tem a oportunidade de criar laços verdadeiros e relações que só fazem bem. Estabelecer uma rede de amigos com valores em comum, com sentimento de respeito e confiança, é o caminho para trazer à tona o melhor de cada um. Isso é tornar o ambiente perfeito para que o profissional acredite em si mesmo e não veja motivos para dar o melhor de si em tudo o que for fazer. O papel do gestor é incentivá-lo, no dia a dia, a reconhecer seu potencial e a fazer o que precisa ser feito. Se uma pessoa é boa no que faz, ela precisa saber disso e acreditar que pode ir longe com seu potencial. A pior coisa que pode acontecer com um profissional é ser desacreditado ou desautorizado. Uma decisão que vem de cima não pode fazer com que ele se desaproprie do que sabe. Afinal, é quem está no dia a dia da operação que tem o protagonismo, vendo e vivendo com profundidade. Um gestor pode até ter ocupado aquele lugar antes, mas a realidade muda, e quem está com todas as variáveis nas mãos para decidir o que fazer é quem está na linha de frente. Eu acredito na gestão que leva para o pessoal, porque, em essência, ela empodera cada um da equipe, e não existe nada mais potente do que uma pessoa segura de si, que sabe quem ela é de verdade. As consequências disso na empresa, em termos de resultado e de trajetória de trabalho, são as melhores. Veja o exemplo da atuação que tivemos nas regiões Norte e Nordeste, em que começamos a trabalhar do zero. Havia um baixo faturamento, clientes insatisfeitos e vendedores desacreditados. Um cenário desafiador, que foi totalmente alterado com o poder das pessoas e das relações. Quando a confiança foi retomada, quando os profissionais foram estimulados a dar seu melhor, sempre contando com uma retaguarda, os clientes passaram a enxergar uma nova forma de trabalhar com comprometimento, palavra e humildade. Como você vê, negócios se resgatam com valores pessoais porque negócios são feitos entre seres humanos, e não entre empresas. Acredite nas pessoas, e elas acreditarão em você e nos seus planos. Fique junto delas no que precisarem, e elas irão com você aonde você for.

CAPÍTULO 12

O QUE IMPORTA É O QUE VOCÊ FAZ PELAS PESSOAS

Foi-se o tempo em que as pessoas acreditavam que havia uma divisão entre pessoal e profissional. Está tudo junto e misturado desde sempre, porque o ser humano que atua nas duas esferas é um só. Entender isso e trabalhar com essa premissa torna a vida muito mais fluida, verdadeira e equilibrada. No trabalho, é muito mais prazeroso e produtivo viver um dia a dia sem máscaras e sem distâncias de hierarquia. Liderar uma equipe não é se colocar num pedestal, mas sim ter a oportunidade de criar relações e fazer com que elas prosperem para o bem de todos. Todos podem sair felizes dos desafios e não destroçados por competição, pressão e vaidade.

Eu sou grato pelas pessoas que vêm para o meu time e às quais posso chamar de amigos, como o Walter, o Renan, o Luiz, a Monica e o Tedesko, que estão nas páginas deste livro como exemplo, e muitos outros que fizeram e fazem parte desse novo jeito mais autêntico de trabalhar. Esse time é das estrelas. Isso é fato. É um dos times mais difíceis, porque todo mundo aqui já ganhou um milhão e todo mundo é difícil de lidar, todo mundo é estrela, não tem bonzinho. E são eles que me dizem que esse jeito dá certo. Eles são a prova viva de que funciona.

RENAN

Eu tive oportunidade de mudar de equipe e pensei que, para construir algo, você tem que se apegar às pessoas que vão levá-lo para o mesmo direcionamento. Tem que somar as forças. Não adianta mudar de equipe e às vezes encontrar um gestor ou uma pessoa que tem uma visão de vida que é diferente da minha. Então eu não quis mudar, acho que ainda não é o momento, até porque eu sei que onde estou vai me preparar para ser um líder no futuro.

LUIZ

Tem pessoas que estimulam a gente a separar as coisas, o pessoal do profissional. E esse é um grande conflito, porque não tem como. Nós somos uma pessoa só. O que eu vejo de bacana é o gestor não permitir que a gente se perca nessa roda-viva de tentar separar pessoal do profissional. "Calma, está tudo misturado, vamos lá!" O que fica para mim é o exemplo dessa busca em equilibrar todas as áreas da vida. O Rafa é meu manager aqui no trabalho, mas ele é um cara que olha para a questão pessoal, a questão espiritual, a questão social, para tudo isso. Ele foi o gestor que mais demonstrou buscar esse equilíbrio entre trabalho e vida pessoal. Você cuidar da sua alma, cuidar do seu corpo, estar com sua mente boa para poder ter o resultado de um bom trabalho. Isso me ajudou a criar uma dinâmica melhor no meu dia a dia, me ajudou muito a equilibrar momentos de ansiedade, momentos em que eu realmente estava tendo dificuldade em enxergar uma solução possível do negócio. Então, a forma como as coisas são conduzidas deixa a gente à vontade para poder expor opiniões. E tem também o incentivo, o estímulo para pensar de uma forma diferente. Obviamente que esse estímulo vem, em alguns dias, de maneira bem amigável, outros de maneira mais incisiva, mas é esse que é o segredo. Conseguir equilibrar e obter esse resultado.

WALTER

Eu não estou mais no time, mas tenho saudades. Trago muito aprendizado, foi muito legal. Tanto é que a gente tem uma relação até hoje com todo mundo. Do pessoal que estava lá, muitos estão espalhados pelo mercado. Eu acho bacana, porque a gente leva as relações que constrói. É o principal, e isso que é bacana.

TEDESKO

O Hora é um cara rigoroso, que cobra e sabe tudo o que está acontecendo no time e com os clientes. Por isso, ele questiona o que foi feito ou não foi feito. E não tem como inventar historinha, porque ele corre na frente, cerca. Por outro lado, o Hora nunca abandona alguém da equipe. E é por isso que o lado mais importante dele não tem nada a ver com vendas. É ter essa capacidade de ser firme, mas também amigo das pessoas. Cobrando ou apoiando, ele mostra que se importa com quem está junto.

MONICA

Quando eu fui clara com o Hora de que a minha família vem em primeiro lugar, ele me respondeu: "Aqui, para mim, primeiro vem família, saúde, os clientes e só depois a empresa". Senti firmeza. Ele parecia meio doido da cabeça, mas quis pagar para ver. Nos primeiros meses de trabalho me assustei, porque ele tem um giro altíssimo. Parece um Taz Mania que fica girando! A cabeça dele pensa numa velocidade que não é a forma de pensar da maioria das pessoas. Então, no começo, quase desisti. Cheguei a dizer que ia pedir demissão, que ele estava me deixando doida! Mas o legal desse processo — e faz toda a diferença — é que ele nunca deixou de me escutar. As pessoas são únicas, cada um tem o seu modus operandi, a sua velocidade, o seu ritmo, os seus valores, os seus princípios, os seus propósitos. E ele demonstrou que considerava isso. Então toda vez que eu pirava a cabeça, dizendo que ele estava me enlouquecendo, a resposta era: "Calma, fica calma. Se você está ficando doida, pega quatro dias, desliga o celular e some". Eu sumi por quatro dias para ver o que acontecia. Ele assumiu o barco.

Para ser feliz, cada um tem uma forma diferente, cada um pensa de um jeito. Nem sempre o que um almeja é igual ao que o outro quer. Os sonhos são diferentes. Isso tem muito a ver com o que passo para a minha equipe em termos de valores. E essa busca pelo equilíbrio permite que a gente olhe a vida em perspectiva. De vez em quando você tem que parar e pensar o seguinte: até que momento você tem que comprar e em que momento você tem que parar e ajudar o próximo? E até onde você vai precisar adquirir coisas materiais e precisar trabalhar somente para comprar, comprar, comprar? Mas precisa mesmo ter tudo isso? Nós temos que colocar um equilíbrio na vida entre família, espírito, saúde e trabalho. Nem sempre temos que trabalhar tanto, porque não precisamos de tudo isso que pensamos.

Para ter a resposta, e viver uma vida que vale a pena ser vivida, acima de ambições e do vale-tudo para ter sucesso, precisamos acreditar em alguma coisa. Temos que ter fé. Ponto. As pessoas precisam acreditar que existe algo superior e se apegar nisso. Se estamos aqui, existe um propósito para a vida, tem que ter um porquê. Existe algo maior que nós. E esse algo maior permeia as relações. Importa menos o seu cargo ou o seu status e mais como você trabalha. Como você trata as pessoas e o que faz de bom para elas. Levar as relações de trabalho para o pessoal nada mais é do que considerar os seres humanos que estão com você na busca por objetivos e fazer valer cada dia vivido. Isso para mim já é sucesso. E para você?

AGRADECIMENTOS

Sou grato à minha mãe e ao meu pai, que foram capazes de transformar a nossa realidade de maneira muito rápida por meio de seu trabalho. Passamos a infância na cidade de Carapicuíba, na Grande São Paulo, e, no momento em que estávamos nos formando, graças ao seu esforço e determinação, meus irmãos e eu pudemos ter acesso ao que existia de melhor no mundo, inclusive às melhores faculdades, como Harvard, London Business School, Insper. Foi com eles também que aprendemos a batalhar por nossos sonhos. Nunca ficamos confortáveis ou aguardando a herança.

Agradeço a meus irmãos, Fernando e Paulo, pela parceria e camaradagem que temos até hoje. Somos grandes amigos desde a infância.

À Ordem Demolay, que me ajudou a fortalecer ainda mais os meus princípios. Foi lá que aprendi sobre amor filial, reverências pelas coisas sagradas, cortesia, companheirismo, fidelidade, pureza e patriotismo. Muito obrigado. Tudo isso me faz ter uma base forte e consciente do meu papel no mundo.

Por fim, agradeço à minha esposa, Luciana, e aos meus filhos, Laura e Lucas, que são o alicerce da minha vida. Eles foram e são a base de tudo. Me inspiram e me incentivam a superar todos os desafios para também comemorar todas as conquistas juntos.

Esta obra foi composta em Merriweather 11 pt e impressa
em papel Polen Natural 80 g/m² pela gráfica Paym.